하룻밤에 읽는
법구경

하룻밤에 읽는 법구경

초판 1쇄 인쇄 2013년 12월 20일
초판 3쇄 발행 2019년 3월 25일

엮은이 법구
옮긴이 유중

펴낸이 유중 | 펴낸곳 도서출판 사군자
주소 서울 마포구 동교로27길 12 동교씨티빌 201호
등록 1999년 4월 23일 제1-2484호
전화 323~2961 | 팩스 323~2962
E-mail sagoonja@netsgo.com

값 14,000원
ISBN 978-89-89751-37-3 (03220)

※ 파손된 책은 서점에서 바꿔드립니다.

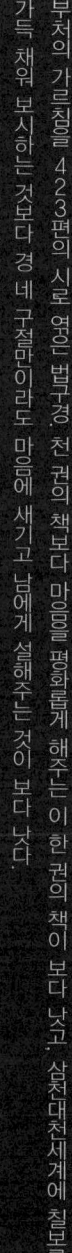

하룻밤에 읽는 법구경

부처의 가르침을 423편의 시로 엮은 법구경. 천 권의 책보다 마음을 평화롭게 해주는 이 한 권의 책이 보다 낫고, 삼천대천세계에 칠보를 가득 채워 보시하는 것보다 경네 구절만이라도 마음에 새기고 남에게 설해주는 것이 보다 낫다.

법구 엮음   유중 옮김

사군자

● 차례

옮긴이의 말 · 006

제1장 두 개의 길	011
제2장 부지런함	018
제3장 마음	023
제4장 꽃	027
제5장 어리석은 사람	033
제6장 지혜로운 사람	039
제7장 깨달은 사람	044
제8장 천 가지	048
제9장 죄와 벌1	054
제10장 죄와 벌2	059
제11장 늙어감	065
제12장 자기 자신	069
제13장 이 세상	073

제14장 부처	078
제15장 행복	085
제16장 쾌락	090
제17장 분노	095
제18장 더러움	100
제19장 정의	108
제20장 길	114
제21장 여러 가지	120
제22장 지옥	126
제23장 코끼리	131
제24장 욕망	136
제25장 수행자1	145
제26장 수행자2	153

주석 · 167

● 옮긴이의 말

이 책은 부처의 가르침을 시로 엮어 놓은 것이다. 경전이면서 동시에 우리 인생에 지침이 될 만한 좋은 시구詩句들로 이루어져 있는 불교의 '시편' 혹은 '잠언' 시집이라고도 할 수 있다. 모두 423편의 시로 구성되어 있다.

법구경을 팔리어로는 Dhammapada, 산스크리트어로는 Dharmapada라고 하는데, 'dharma'는 법, 진리라는 뜻이고, 'pada(원래는 '발, foot'을 뜻함)'는 점차 그 의미가 확대되어 '길', '말씀 혹은 시'라는 뜻이 되었다. 따라서 법구경은 '진리의 길' 혹은 '진리의 말씀'이라고 생각하면 된다.

법구경은 인도의 승려 법구(法救, Dharmatrata)가 팔리어로 엮은 것으로 알려져 있지만, 그에 대해서는 알려진 바가 거의 없다. 팔리어 경전은 스리랑카 상좌부 불교Theravada Buddhism가 중심이 되어 기록하고 보전하여 왔는데, 그 덕분에 법구경이 굿다까 니

카야(Khuddaka Nikaya : 소부경전)에 실려 전해온 것이다. 이것이 법구경의 문헌상의 기원이다.

그 후 중국으로 건너 온 것은 중국의 삼국시대(위, 촉, 오) 때이다. 224년, 오나라에 건너 온 인도의 승려 지겸支謙 축장염竺將焰이 유기난維祇難과 함께 번역하여 중국에 알려졌고, 이때 한역되면서 'Dhamma'는 법法으로 'Pada'는 구句로 번역 되어 오늘날의 법구경이 된 것이다.

아무튼 이 법구경은 지금까지 다른 그 어떤 경전보다 부처의 가르침을 시적으로 가장 잘 표현하고 있음이 틀림없다. 그 언어가 매우 아름답고 문장이 길지 않고 간결하면서도 부처의 가르침들을 아주 잘 나타내고 있다.

그러다 보니 그동안 이 책은 여러 나라에서 여러 언어로 번역되어 나왔다. 1870년, 서양에서 영어로 번역되어 최초로 출판된 것은 종교역사학자인 막스 뮬러Max Muller에 의해서였다. 이 책이 출판되자, 서양 사람들에게 부처에 대한 엄청난 관심을 불러일으켰다. 얼마 후 그의 번역이 서투르고 잘못된 부분이 있다는 지적을 받기도 했지만, 서구에 엄청난 영향을 미쳤고 수많은 영어 번역서들이 그 뒤를 따랐다.

우리나라에서도 법구경에 대한 번역서들이 많이 나와 있고, 이미 법정스님이 더할 나위 없이 아름다운 언어와 간결하고 흠이 없는 번역을 한 바 있다. 또한 좋은 글이나 마음을 편하게 해주는 글을 쓰는 이들이라면, 한두 번쯤 법구경의 구절을 인용하지 않는 이들이 없고, 수많은 독자들이 애독을 하고 있다.

그리하여 혹여 밝혀두려 한다. 법정스님의 번역이 너무나 아름답고 완벽한 것은 그 분의 혜안과 깨달음이 깊기 때문일 것이다. 그러나 안타깝게도 더 이상 법정스님의 책을 읽을 수 없어 큰 아쉬움이 있다. 그런 이유로 이 책에서는 간혹 법정스님의 번역을 그대로 따른 것도 있고, 더러는 한두 자 빼거나 넣어 고쳐 쓴 것도 있음을 밝혀둔다.

그 외에도 이 책을 번역하면서 가능한 외국의 많은 책들도 참고하면서, 필요한 경우 독자들의 이해를 돕기 위해 주석에 그들의 번역과 해석도 함께 실었다. 예를 들어 보다 더 상세한 설명이 필요하다거나 혹은 그 가운데 색다른 번역이 있다거나 혹은 아주 탁월한 번역들은 독자들에게 도움이 되리라 생각해 이 책 맨 끝에 주석으로 처리하여 소개하였다.

그러면서 그동안 잘못된 번역이나 매끄럽지 않거나 이해하기 어려운 구절들은 가능한 더 쉽고 더 편하게 읽을 수 있도록 하였다. 그리고 《금강경》에 나오는 "갠지스 강에 있는 모래알만큼 많은 갠지스 강이 있고, 그 갠지스 강들의 모래알만큼 많은 삼천대천세계에 칠보를 가득 채워 보시하는 것보다 경 네 구절만이라도 마음에 새기고 남에게 설해주는 것이 보다 낫다"는 말처럼 독자들과 함께 이 책을 나누고 싶었다. 그래서 여전히 부족한 점이 있지만, 이 책을 세상에 내놓게 된 것이다.

사실 바쁘게 살아가는 삶 속에서 많은 경전을 읽는다는 것이 쉽지만은 않다. 그런 의미에서 법구경은 모든 경전을 시로 엮어 아우르면서도 단숨에 읽을 수 있다는 커다란 장점이 있다.

우리가 경전을 읽는 것은 부처의 가르침을 통해 지식보다는 지혜를 얻기 위함이고, 어리석은 집착으로부터 벗어나 대자유를 얻기 위함이다. 법구경은 하룻밤에도 누구나 쉽게 읽을 수 있으면서도 바로 그런 깨달음과 진리에 대한 갈증을 풀어주는 샘물과 같은 책이다. 물을 마시듯 아주 편안 마음으로 몇 번이라도 다시 읽을 수 있으며, 그때마다 새록새록 솟아나는 마르지 않는 맑은 샘물과 같은 것이다.

끝으로 이 책을 펴내면서 많은 공부가 된 것만으로도 큰 기쁨이었지만 한 가지 더 바랄 게 있다면, 수행자 뿐만 아니라 바쁜 일상에서 벗어나 마음을 가라앉히려는 독자들이 하룻밤 읽기를 간절히 바라는 마음이다.

제1장 두 개의 길[1]
— 쌍서품(雙敍品)

모든 것은 마음이 근본이다.
모든 것은 이 마음이 만들어낸 것이고,
모든 것이 이 마음에서 생겨난 것이다.
나쁜 마음으로 말과 행동을 하면,
괴로움이 그를 따른다.
수레바퀴가 소의 발자국을 따르듯이.[2]

1   이 세상의 모든 사물과 현상은 마음이 만들어낸 것이다. 우리가 하는 생각과 말과 행동도 마음에서 비롯된다.

모든 것은 마음이 근본이다.
모든 것은 이 마음이 만들어낸 것이고,
모든 것이 이 마음에서 생겨난 것이다.
순수한 마음으로 말과 행동을 하면
즐거움이 그를 따른다.
그림자가 형상을 따르듯이.

2   이것이 업(業)이다. 뿌린 대로 거두는 것이다. 현재 우리의 삶은 과거에 우리가 한 생각과 말과 행동으로 지은 업의 결과가 현실로 나타난 것이다.

"은혜는 돌에 새기고 미움은 물에 새겨라" 는 말이 있다. 은혜는 오래 기억하고 미움은 잊어버려라.

'그는 나를 욕했고, 나를 때렸다.
그는 나를 이겼고, 내 것을 빼앗아갔다.'
이런 생각을 마음에 품고 있으면,
미움이 가라앉지 않는다.

3

미움도 마음에서 비롯된다. 미움을 마음에 새기지 않으면 미움은 이내 사라진다.

'그는 나를 욕했고, 나를 때렸다.
그는 나를 이겼고, 내 것을 빼앗아갔다.'
이런 생각을 마음에 품고 있지 않으면
이내 미움이 가라앉는다.

4

원한을 원한으로 갚으면 원한은 끝이 없다. 마음속에 원한을 품고 있는데, 어찌 원한이 풀리겠는가?

이 세상에서 원한은 원한으로는
결코 풀어지지 않는다.
원한을 버릴 때에만 원한이 사라진다.
이것은 영원히 변치 않는 진리이다.

5

'우리는 이 세상에서 언젠가 죽어야 할 존재이다.'
이 사실을 깨닫지 못하는 이가 많다.
이 사실을 깨달으면
온갖 다툼이 사라진다.³⁾

6   우리는 결국 죽음 앞에 이른다. 이를 진심으로 깨닫기만 해도, 이 세상에 전쟁과 싸움과 갈등이 사라질 것이다.

생활의 즐거움만을 구하고,
욕망을 억제하지 못하고,
먹고 마시는 일에 절제가 없고,
게으르고 무기력한 사람은
악마에게 쉽게 정복당하고 만다.
연약한 나무가 바람에 부러지듯이.

7   나태하여 생활의 편안함과 즐거움만 구하는 사람은 저도 모르게 악마의 유혹에 쉽게 **빠**져든다.

생활의 즐거움만을 구하지 않고,
욕망을 잘 억제하고,
먹고 마시는 것을 절제하고,
굳은 신념으로 정진하는 사람은
악마도 그를 정복할 수 없다.
마치 바위산을 바람이 어찌할 수 없듯이.

8   쾌락에 한눈팔지 않고 신념을 가지고 자신을 다스리는 사람은 악마도 어찌할 수 없다.

몸을 깨끗이 씻고 새 옷을 입으면 상쾌한 기분이 나듯이 날마다 마음의 때를 벗고 승복을 입는다면 아마도 마음이 가볍고 상쾌할 것이다.

마음의 때를 벗지 못하고, 9
절제하지도 진리를 탐구하려는 열정도 없이
승복을 입으려고 한다면,
그는 승복 입을 자격이 없다.

승복을 입으면 몸가짐이 달라진다. 진리를 쫓아 더러운 때를 씻어버리고 온갖 덕행을 쌓으며 진리를 터득하기 위해 부지런히 수행해야 한다.

마음의 때를 씻고, 10
절제와 진리를 탐구하려는 열정과
덕행을 쌓고 계를 지키려는 사람만이
승복을 입기에 어울리는 자다.

이 세상에는 진실을 진실이 아니라 생각하고 진실 아닌 것을 진실이라 생각하는 눈 먼 사람들이 너무나 많다. 그들은 마음속에 더러운 때가 끼었기 때문이다.

진실을 거짓이라 생각하고 11
거짓을 진실이라 생각하는 사람은
허망한 망상을 쫓기 때문에
끝내 진실에 이를 수 없다.

진실을 진실인 줄 알고
거짓을 거짓인 줄 아는 사람은
바른 생각을 쫓기 때문에
마침내 진실에 이를 수 있다.

12   바른 생각을 지닌 사람은 허망한 것을 쫓지 않는다.

지붕이 허술하면
비가 새듯이
수행이 덜 된 마음에는
탐욕이 스며든다.

13   마음은 논이고 밭이다. 그냥 두면 탐욕의 잡초가 무성히도 자라난다.

지붕이 튼튼하면
비가 새지 않듯이
수행이 잘 된 마음에는
탐욕이 스며들 틈이 없다.

14   수행을 하는 것은 바로 이와 같이 탐욕과 성냄과 어리석음에 **빠**지지 않기 위해서다.

이 세상에서도 죽은 후에도 악을 행한 자는 그로 인해 거듭 고통을 받는다.

악을 행한 사람은 15
이 세상에서도 저 세상에서도 근심한다.
자기가 행한 부끄러운 악행을 보고
몹시 슬퍼하고 괴로워한다.

이 세상에서도 죽은 후에도 선을 행한 자는 그로 인해 행복하다.

선을 행한 사람은 16
이 세상에서도 저 세상에서도 행복하다.
자기가 행한 행동이 떳떳함을 보고
매우 기뻐하고 즐거워한다.

악을 행한 자에게는 괴로움이 또 기다리고 있다. 그 업보로 다음 세상에서 받아야 할 벌은 훨씬 더 고통스럽다.

악을 행한 사람은 17
이 세상에서도 저 세상에서도 괴로워하고,
두 생에서 다 괴로워한다.
이 세상에서는 "내가 악행을 저질렀구나" 하고 괴로워하고,
지옥에 떨어져서는 그 벌로 더욱더 괴로워한다.

선을 행한 사람은
이 세상에서도 저 세상에서도 기뻐하고,
두 생에서 다 기뻐한다.
이 세상에서는 "내가 착한 일을 했구나' 싶어 기뻐하고,
좋은 세상에 가서는 그 복을 받아 더욱더 기뻐한다.

18 선을 행한 자에게 다음 세상은 그 복을 지은 덕분에 더 큰 기쁨이 기다리고 있다.

아무리 많은 경전을 외우고 알아도
게을러 이를 실천하지 않는 사람은
남의 소만 세고 있는 목자일 뿐,
참된 수행자의 대열에 들 수 없다.

19 누구나 말하기는 쉽지만, 그것을 실천하기는 매우 어렵다. 말과 행동이 일치하는 사람은 진실한 사람이다. 이 세상에 이런 사람이 몇이나 될까?

아무리 경전을 조금밖에 모른다 해도
진리에 따라 살고
탐욕과 성냄과 어리석음에서 깨어나,
바른 지혜와 깨달음을 얻어
이 세상과 저 세상에 집착하지 않는 이는
참된 수행자의 대열에 들 수 있다.

20 부처의 가르침은 삶의 방식이지 말이 아니다. 하나라도 배우고 익히는 대로 실천하며 사는 사람이 진실로 부처의 제자다.

제2장 부지런함[1]
— 방일품(放逸品)

부지런함에서 자유가 나오고 생기가 돋는다. 게으른 삶은 살아있어도 살아있는 삶이 아니다. 게으른 사람은 이미 죽음에 이른 것이다.

부지런함은 삶의 길이고, 21
게으름은 죽음의 길이다.
부지런히 마음 닦아 깨어있는 이 죽지 않지만,
게을러 그 마음 잠자고 있는 이 죽은 것과 다름없다.

부지런함 속에 지극한 즐거움이 있다. 이것은 성인들이 한결같이 한 말이다.

이 이치를 분명히 알고 22
그것을 실천하는 사람은
게으르지 않음을 기뻐하고
성인의 깨달음을 얻어 즐거워하리라.

생각이 깊고, 참을성 있고,
항상 힘써 애쓰는 사람은
기쁨과 자유의 절정인,
'니르바나'에 이르리라.

23   여기서 '생각이 깊고'는 명상을 뜻한다. 명상을 하는 것은 마음을 고요히 하고 집중하면 통찰력이 생기기 때문이다. 게으르지 않고 꾸준히 명상하고 정진하면, 결국 최고의 기쁨과 대자유를 얻는다.

반성하고, 수행하고, 또 깊이 생각하고,
그리하여 말과 행동이 진실하고 사려가 깊으며,
스스로 억제하고 진리에 따라 사는 사람은
그 이름이 나날이 빛난다.

24   말과 행동이 맑고 신중하고 진실하면 자연히 명성이 드높아진다.

항상 힘써 게으르지 않고,
스스로 자제하고 다스릴 줄 아는
이 지혜로운 사람은,
홍수에도 쓸려가지 않는 섬을 쌓는 것과 같다.

25   자신을 다스리기 위해 노력하는 사람은 세상의 어떤 유혹이나 세파에도 휩쓸리거나 흔들리지 않는 굳건한 지혜의 섬을 쌓고 있는 것과 같다.

| 어리석은 사람은 결국 아무 생각 없이 게으르게 사는 사람을 말한다. | 어리석고 지혜가 없는 사람은
게으름에 빠지고,
생각이 깊고 지혜 있는 사람은
부지런함을 보석처럼 여긴다. | 26 |

| 육체적 쾌락이나 헛된 욕망을 쫓지 말고, 부지런히 마음을 닦아라. 더 큰 자유와 평화를 얻게 된다. | 게으름에 빠지지 말라.
육체적 쾌락이나 탐욕을 부리지 말라.
깊이 생각하고 부지런히 닦으면,
마침내 더 큰 즐거움을 얻으리라. | 27 |

| 게으름을 물리치고 부지런히 힘써 닦아 이 기쁨을 누려보라. | 지혜로운 이가 부지런히 힘써 게으름을 물리치면
지혜의 탑 정상에 올라,
근심하는 세상 사람들을 내려다보리라.
마치 산 정상에 오른 사람이
산 아래 땅에 있는 사람들을 내려다보듯
아무 근심 없이 중생들을 내려다보리라. | 28 |

게으른 자들 중에서 부지런하고,
잠든 자들 중에서 깨어 있는 사람은
빨리 뛰는 말이 느리게 가는 말을 앞지르듯이
앞으로 나아간다.

29   스스로 게으름에서 벗어나 부지런히 닦은 만큼 진리의 기쁨도 먼저 맛보게 된다.

인드라 신도 부지런히 힘써
뭇 신들 가운데 으뜸이 되었다.
신들도 부지런함을 찬양하고,
게으름은 항상 비난받는다.

30   게으르면 천상의 신들도 그로 인해 비난을 받고, 부지런하면 칭찬을 듣는다. 인도의 인드라Indra신은 대천사, 천사장이다.

부지런함을 즐기고,
게으름을 두려워하는 수행자는
크고 작은 온갖 번뇌를
불같이 태우면서 나아간다.

31   수행자는 한눈팔지 않고 오로지 깨달음을 향해 앞으로 나아간다.

수행자여 조금만 더 힘써 수행하라. 열반이 가까이 있다!

부지런함을 즐기고,
게으름을 두려워하는 수행자는
어느새 니르바나에 가까이 이르러서,
결코 물러서지 않고 다가선다.

32

제3장 마음
— 심의품(心意品)

마음은 가벼워 흔들리기 쉽고,
들떠 지키기 어렵고, 억제하기도 어렵다.
그러나 현명한 사람은 마음을 곧게 다스린다.
마치 활 만드는 이가 화살을 곧게 하듯.

33   지혜로운 자는 항상 마음을 곧게 갖는다. 활쟁이가 화살을 곧게 만들 듯이 마음을 다스려 나간다.

물에서 잡혀 나와 땅바닥에 내던져진 물고기가
파닥거리듯
지금 이 마음 몸부림친다.
악마의 세계에서 벗어나려고.

34   물고기가 물 속에서는 고요하듯이, 이 마음도 악마의 세계에서 벗어나면 고요해진다.

마음을 그냥 놓아두면, 마음이 경솔해지고 제 마음대로 욕망을 따라 간다. 이 사고뭉치인 마음을 잘 다스리면 평안하다.	마음은 변덕스러워 붙잡기 어렵고, 욕심나는 곳이면 어디든지 그 욕망 따라 날아간다. 마음을 잘 길들이면 평화를 가져온다.	35
마음은 보이지도 않고 형체도 없어 지키기 어렵다. 이런 마음을 잘 보고 지키면 평안하다.	마음은 볼 수도 없고 미묘하며, 욕심나는 곳이면 어디든지 그 욕망 따라 날아간다. 마음을 잘 지키면 평화를 가져온다.	36
마음은 빛의 속도보다 빠르게 멀리 가기도 하고, 순식간에 사라져 모습을 감추기도 한다. 이런 마음을 다룰 줄 알면 무한한 자유를 얻는다.	마음은 홀로 멀리 가기도 하고, 모양도 없이 꼭꼭 숨어 있기도 하지만, 이 마음을 억제하는 사람은 죽음의 굴레에서 벗어나 자유를 얻으리라.	37

마음이 안정되지 않고, 어찌 바른 진리를 깨우칠 수 있으랴? 마음의 고요가 깨진 사람은 지혜의 완성에 이를 수 없다.[1]	38	여기서 '마음이 안정되지 않고'는 걱정 근심이 있어 마음이 불안하다는 뜻이다. 마음이 한 곳에 머무르지 않는 상태에서 진리를 깨치기는 쉽지 않다.
마음에 번뇌가 사라지고, 마음이 고요해지고, 마음이 깨어 선악을 초월해버린 사람에게는 그 어떤 두려움도 없다.	39	이는 깨달은 이다. 선악을 초월해 버린 깨달은 이에게 무슨 잘잘못을 가릴 게 있어 두려움이 있겠는가?
이 몸은 물항아리처럼 깨지기 쉬운 줄 알고, 이 마음을 성곽처럼 굳건히 하고서, 지혜의 칼로 악마와 싸워라. 싸워 얻은 것은 지키되, 집착하지 말고 나아가라.	40	몸은 오래 가지 않으니 하나를 깨우쳤다고 이에 만족하여 안주하거나 머물지 말고 계속해서 정진하라.

몸은 언젠가는 질그릇처럼 부서져 흙으로 돌아간다. 그러니 마음을 보살피고 잘 지키라.

머지않아 이 육체는 흙으로 돌아간다. 41
의식이 몸을 떠나게 되면,
마치 쓸모없는 나무토막처럼
그렇게 버려져 뒹굴 것이다.

그릇된 마음을 항상 경계하라. 모든 잘못은 마음으로부터 비롯된다.

적과 적이, 42
그리고 서로 미워하는 자들끼리
물고 뜯으며 싸운다 한들
몹쓸 악을 향한 마음이 저지르는 해악보다 못하다.

마음에는 한계가 없다. 연민이나 자비심은 가족, 이웃, 인류를 넘어 우주 만물에까지 뻗칠 수 있다.

어머니나 아버지, 43
그리고 가족이나 친척이 베푸는 것도
그 베풂이
좋은 일을 하려 하는 마음이 베푸는 것에 미치지 못한다.

제4장 꽃
— 화향품(華香品)

누가 이 세상을 정복할 수 있을까? 44
누가 천상과 지옥의 세계를 정복할 수 있을까?
누가 그 길에 이르는 진리의 법만을 찾아내 엮어낼 수 있을까?
꽃꽂이를 하는 사람이 가장 좋은 꽃만 가려 뽑아 꾸미듯이.

> 누가 하늘의 삶을 얻을까?

참된 수행자가 이 세상을 정복할 것이다. 45
천상과 지옥의 세계를 정복할 것이다.
진실한 수행자만이 그 길에 이르는 진리의 법만을 찾아내 엮어낼 수 있을 것이다.
꽃꽂이를 하는 사람이 가장 좋은 꽃만 가려 뽑아 꾸미듯이.

> 꽃꽂이를 하는 사람은 좋은 꽃을 고르는 안목이 생긴다. 그렇듯이 참된 진리를 배우고 수련한 수행자가 결국은 진리를 터득하게 된다.

여기서 꽃화살은 '유혹'을 뜻한다. 우리는 영원하지도 않는 이 육체 때문에 온갖 유혹에 빠진다.	이 몸은 물거품 같고, 아지랑이 같다고 깨닫고, 악마의 꽃화살을 꺾어 버린 사람은 지옥의 염라대왕과도 마주치지 않으리라.	46
여기서 꽃은 '쾌락'을 뜻한다. 삶의 쾌락에 빠져 사는 사람은 어느새 몸은 시들고 죽음에 이른다.	꽃을 따 모으기에만 정신이 팔려 제정신을 차리지 못한 사람은 어느 틈에 벌써 죽음이 앗아가고 만다. 잠든 마을을 홍수가 휩쓸어 가듯.	47
사람의 욕심과 쾌락은 한도 끝도 없다. 사람의 마음은 넓고도 깊어 이 우주 만물을 집어넣어도 다 채울 수 없다. 어리석은 사람은 그러다 죽는다.	꽃을 따 모으기에만 정신이 팔려 욕망에 허덕이는 사람은 그 쾌락의 즐거움 미처 다 맛보기 전에 어느새 죽음이 덮쳐 버린다.	48

꽃의 아름다움과 색깔,   49
그리고 향기를 전혀 다치지 않고
그 꿀만을 따 가는 저 벌처럼
지혜로운 성자는 이 세상을 살아간다.

> 나비나 벌은 꿀을 따 가지만, 꽃잎에 상처를 주지 않는다. 그러나 사람들은 타인이 흘린 땀 덕분에 먹고 마시며 살면서도 그들에게 상처를 주거나 심지어 그들의 삶을 파괴하기도 한다.

남의 허물을 보지 말라.   50
남이 했건 안했건 상관하지 말라.
다만 내 자신이 저지른
허물과 게으름만을 보라.

> 훌륭한 사람은 타인의 허물을 들춰내기보다는 그가 잘한 것을 드러내어 칭찬한다. 타인에게는 관대하고 자신에게는 엄격하다.

아름답기 이를 데 없는 꽃이라도   51
아무 향기가 없는 꽃이 있듯이
실천이 따르지 않는 사람의 말은
그럴싸해도 열매를 맺지 못하는 나무와 같다.

> 생각과 말이 행동으로 옮겨지지 않으면 아무 쓸모가 없다. 이는 씨앗을 가지고서도 심지 않는 사람과 같아 결실을 맺을 수 없다.

| 생각과 말을 행동으로 옮기게 되면 반드시 좋은 결실을 맺는다. 이것이 인과법칙이고, 자연의 법칙이고, 삶의 근본 법칙이다.

아름답기 이를 데 없으면서도　　　　　　　　　　52
좋은 향기를 내뿜는 꽃이 있듯이
실천이 따르는 사람의 말은
열매를 풍성히 맺는 나무와 같다.

우리는 왜 태어났고, 무엇을 해야 할까? 우리도 이 세상에 태어나 보람된 일을 하고 가지 않으면 안 된다.

한 다발의 꽃으로도　　　　　　　　　　　　　53
아름다운 화관을 여러 개 만들 듯이
비록 짧은 인생이지만
보람된 일을 많이 하고 가지 않으면 안 된다.

덕 있는 사람, 고결한 사람, 착한 사람, 양심 있는 사람의 향기는 두루 퍼진다. 짠다나candana는 전단(산스크리트어 candana의 음사), 타가라tagara는 향기 나는 파우더를 만드는 식물, 말리카mallika는 재스민을 말한다.

꽃의 향기가 아무리 짙더라도 바람을 거스르지 못한다.　54
―짠다나, 타가라, 말리카, 버들잎바늘꽃 향도 마찬가지이다.
그러나 덕이 있는 사람이 풍기는 향기는
바람을 거슬러 사방에 퍼진다.

여기 짠다나, 타가라, 버들잎바늘꽃, 우빠라, 그리고 바씨키 등 여러 가지 향기가 있지만, 덕의 향기는 이 모든 꽃의 향기보다 뛰어나다.	55	덕을 행하라. 꽃의 향기가 아무리 지극하더라도, 덕의 향기에 미치지 못한다. 우빠라upara는 푸른 연꽃, 바씨키vassiki는 재스민의 일종이다. 버들잎바늘꽃은 rose-bay를 말한다.
짠다나, 타가라와 버들잎바늘꽃의 향기는 이내 사라지지만, 덕이 있는 사람의 향기는 하늘 끝에 닿아 신들에게까지 퍼져 간다.	56	꽃의 향기는 이내 사라진다. 하지만 덕의 향기는 아래로는 사람들의 마음속 깊은 곳에 닿고, 위로는 하늘에까지 닿는다.
덕을 지니고, 부지런하고, 바른 지혜로 해탈한 사람은 악마도 가까이 하지 못한다.	57	덕은 사나움보다 더 강하고, 보석보다 더 빛난다. 덕을 지닌 자는 사리분별이 깊어 힘으로도 물질적으로도 유혹하거나 굴복시킬 수 없다.

꽃은 진흙탕, 바위 틈 속에서도 피어나듯 꽃은 자리를 탓하지 않는다. 여기서 '연꽃'은 인간의 착한 본성을 상징한다.	길 가에 버려진 쓰레기 더미 속에서도 향기를 은은하게 내뿜으며 연꽃이 피어오르듯	58
빈부귀천 상관없이 모든 사람의 마음에는 깨달음을 얻을 수 있는 씨앗이 심어져 있다.	쓰레기처럼 천하게 버려진 눈 먼 중생 가운데서도 완전히 깨달은 이의 제자는 지혜의 빛을 발한다.	59

제5장 어리석은 사람[1]
— 우암품(愚闇品)

잠 못 이루는 이에게 밤은 길고, 지친 나그네에게는 지척도 천 리 길, 바른 진리를 깨닫지 못한 어리석은 이에게 윤회의 길은 멀고도 길다.	60	모든 중생은 깨달을 수 있는 능력은 있으나, 이를 깨닫지 못하고 윤회의 생을 이어가고 있다.
이 기나긴 여행길에서 자기보다 뛰어나거나 비슷한 사람을 만나지 못했거든 외롭더라도 차라리 혼자서 가라. 어리석은 자와는 길벗이 되지 마라.	61	어리석은 자와의 동행은 잘못에 빠지게 되어 자신도 망치게 된다. 차라리 무소의 뿔처럼 혼자서 가라.

이 몸도 내 것이 아니다. 영원히 변치 않는 '나(자아)'도 없다. 나도 없고, 내 몸도 내 것이 아닌데, 무엇을 내 것이라 소유할 수 있으랴.	'내 자식이다', '내 재산이다' 하면서 어리석은 사람은 괴로워한다. 제 몸도 제 것이 아닌데, 하물며 내 자식, 내 재산이라 할 수 있으랴.	62
스스로 어리석음을 아는 자는 그만큼은 지혜에 다가선 것이다. 이마저도 모를 때 정말 어리석은 것이다.	어리석은 자가 어리석은 줄 알면 그 만큼 그는 지혜롭다. 그러나 어리석면서 지혜롭다고 생각하면 그는 참으로 어리석은 사람이다.	63
어리석음은 '무지無知'이다. 무지한 자는 진리를 옆에 두고도 이것이 진리인지 모른다.	어리석은 사람은 평생을 어진 사람과 가까이 지내도 참다운 진리를 깨닫지 못한다. 숟가락이 국 맛을 모르듯.	64

지혜로운 사람은 잠깐이라도
어진 이와 가까이 지내면
곧 진리를 깨닫는다.
마치 혀가 국 맛을 알 듯.

65 깨달음은 '지혜'에서 비롯되고, 지혜는 무지에서 벗어난 상태를 말한다.

지혜가 없는 어리석은 사람은
자신에게 원수처럼 행동한다.
쓰디쓴 고통스런 결과만을 낳게 할
나쁜 짓을 멈추지 않는다.

66 이 세상에서 가장 큰 적은 바로 나 자신이다. 어리석은 사람은 스스로를 망치게 될 몹쓸 짓을 마음대로 한다.

어떤 행위를 하고 난 뒤에
후회하거나 눈물을 흘리면서
그 대가를 치른다면
이런 행동은 옳지 않은 것이다.

67 나쁜 느낌이 드는 행위는 곧바로 멈추라. 그리고 자신의 잘못을 바로 잡아라. 그렇지 않으면 더 큰 후회를 한다.

좋은 느낌이 드는 행위는 계속하라. 바른 길을 가고 있는 것이다.	어떤 행위를 하고 난 뒤에 후회하는 마음이 없거나 기쁨과 행복감에 젖는 다면, 이런 행동은 잘 한 것이다.	68
아무도 업에서 벗어날 수 없다. 악행을 저지르면, 결국 그 과보를 받게 된다.	악행이 아직 무르익기 전에는 어리석은 사람은 '꿀과 같이 달콤하다'고 생각한다. 그러나 그 악행의 열매가 익게 되면 그는 쓰디쓴 고통을 맛보지 않으면 안 된다.	69
제아무리 극심한 고행을 하더라도, 고행만으로는 깨달음을 얻을 수 없다. 쿠사kusa는 풀을 의미한다.	어리석은 사람은 형식만을 쫓아 몇 달이고 쿠사 풀을 먹으며 고행을 하더라도, 그 공덕은 참된 진리를 헤아리는 사람의 16분의 1에도 미치지 못한다.	70

악행도 마치 갓 짜낸 우유와 같아서
그 즉시 그 업이 굳어지지는 않는다.
그러나 재 속에 덮인 불씨가 두고두고 타듯이
그 업은 그 어리석은 자의 뒤를 따라다닌다.

71   재 속의 불씨는 꺼진 것이 아니다. 다만 검게 그을려 보일 뿐이다. 악행의 업도 우리가 눈으로 볼 수는 없지만, 그와 같이 두고두고 그를 따른다.

어리석은 사람이 궁리하여 얻은
어설픈 생각은 도리어 해를 부른다.
그것이 그의 머리를 어지럽히고
그의 행운마저 앗아간다.

72   어리석은 궁리는 오히려 해를 부른다.

어리석은 사람은 헛된 명성을 바란다.
수행자들 사이에서는 윗자리를,
승단 안에서는 다스리는 권력을,
사람들로부터는 존경 받기를 바란다.

73   어리석은 자는 부질없는 것만 쫓는다.

| 어리석은 자는 교만하고 자랑하기를 좋아한다.

"일반 신자나 수행하는 스님들이여, 74
이 일은 내가 한 것이고,
이 일도 나로 하여 이루어진 것이다.
그러므로 앞으로 해야 할 일과 하지 말아야 할 일
무엇이나 내 뜻에 따라야 한다."
어리석은 자는 이렇게 생각하고 말한다.
그리하여 어리석은 자의 욕심과 교만은 점점 커져간다.

붓다의 제자는 세속의 길에서 즐거움을 찾지 않고, 지혜의 길을 간다. 이 길은 고독한 길이다. 그러나 그 끝은 기쁘다.

여기 두 개의 길이 있다. 75
하나는 이익을 추구하는 세속의 길이고,
하나는 대자유를 향한 니르바나에 이르는 길이다.
부처의 제자인 수행자들은 이 이치를 알아
남의 존경을 기뻐하며 쫓지 말고,
지혜를 찾아 외로운 길 가기에 전념하라.

제6장 지혜로운 사람
— 현철품(賢哲品)

내 잘못을 지적하고 꾸짖어주는
지혜로운 사람을 만났거든 그를 따르라.
그는 감춰진 보물을 가르쳐준 사람과 같으니
그를 따르면 좋은 일이 있을 뿐 나쁠 게 없느니라.

76 · 인생을 살면서 나보다 나은 이를 만나거든, 겸손히 배우고 따르라. 그가 바로 스승이고, 본받아 배우고 따라야 할 사람이다.

옳지 못한 일은 타이르고 가르쳐 깨우치라.
사람들로 하여금 잘못이 없도록 하게 하라.
이와 같은 사람을 악한 이는 미워할 것이지만,
선한 이는 사랑하리라.

77 · 옳은 일, 옳은 사람을 선한 자는 사랑하지만, 악한 자는 미워한다. 악한 자의 마음속에는 나쁜 마음으로 물들어 있기 때문이다.

| 친구를 보면 그 사람을 알 수 있다. | 나쁜 벗과 사귀지 말라.
저속한 무리들과도 어울리지 말라.
착한 친구를 벗하고,
인품이 뛰어난 사람을 가까이 하라. | 78 |

| 진리를 청량음료처럼 시시때때로 마시라. 그리고 그것으로 활력을 얻으라. 지혜로운 사람은 이와 같이 진리를 즐기며 힘을 얻는다. | 진리를 음료수처럼 마시는 사람은
맑고 편안한 마음으로 편안히 눕는다.
지혜로운 사람은 항상
성인들이 말씀하신 진리를 즐긴다. | 79 |

| "나는 자기 자신을 다루는 사람이다." 붓다의 이 말처럼 자기 자신을 다루는 사람이 되라. 이는 정말 멋진 말이다. | 물 대는 사람은 물길을 바로 잡고,
활 만드는 사람은 화살을 곧게 하고,
솜씨 좋은 목수는 나무를 잘 다듬고,
지혜로운 사람은 자기 자신을 다룬다. | 80 |

굳은 바위가 바람에
흔들리지 않는 것처럼
지혜로운 사람은 비난에도 칭찬에도,
전혀 흔들리지 않는다.

81 뜻이 굳세고 지혜로운 사람은 흔들리지 않는다. 칭찬과 비난의 바람 불어와도 흔들리지 않는다.

맑고 고요한
깊은 연못처럼
지혜가 깊은 사람은 진리를 듣고
마음이 맑고 편안해진다.

82 마음이 불안하고 평정심을 잃었을 때, 진리를 들어라. 마음이 맑고 편안해진다.

어진 사람은 무슨 일이 벌어져도 의연하고,
쾌락을 바라는 헛된 말도 하지 않는다.
즐거움을 만나거나 괴로움을 만나거나,
싫어하거나 좋아하는 기색이 전혀 없다.

83 어질고 현명한 이는 헛된 욕망을 버렸기 때문에 아무리 괴로운 일이 벌어져도 평소처럼 똑같이 말하고 행동한다.

정말 큰 욕심을 가지고 있는 사람은 그릇된 부귀를 탐하지 않는다. 대자유를 훔치려 한다.

자기를 위해서나 남을 위해서나   84
자식과 재물과 권력을 탐내지 말라.
부정한 방법으로 부자 되기를 꿈꾸지 말고,
어질고, 진실하고, 덕행과 지혜로써 떳떳한 사람이 되라.

깨달음을 얻는 사람은 드물다. 그것은 진심이 없기 때문이다.

오직 몇 안 되는 사람만이   85
니르바나, 저 피안의 언덕에 이른다.
혹 어떤 이가 마음을 내어도
대개는 이쪽 강기슭을 서성거릴 뿐이다.

대자유에 이르는 게 쉬운 것은 아니다. 그럼에도 불구하고 진실로 법을 구하면 대자유에 이른다.

그러나 진리가 바르게 전해졌을 때   86
그 진리를 따르는 사람은
건너기 어려운 죽음의 강을 건너
머지않아 저쪽 기슭, 피안에 이르리라.

그 지혜로운 사람은 어둠의 길을 버리고, 87 여기서 말하는 '어
밝음의 길을 찾아 나선다. 둠의 길'과 '집'은
집을 버리고 출가의 길에 올라, 속세를 말한다. 나
하기 쉽지 않은 고독 속에서 기쁨을 찾는다. 는 언제쯤 속세의
연을 끊을 수 있을
까? 재가에서 그 어
려운 출가의 오른
이는 큰 행운이다.

그리고 그곳에서 기쁨을 찾고, 88 이때 이 기분은 희열
모든 욕망을 끊어버리고, 그 자체일 것이다.
아무 것도 가진 것 없이
온갖 마음에 낀 때를 깨끗이 씻어낸다.

이제 깨달음에 이르러 모든 집착이 끊어지고 89 그는 이 세상에서
아무런 욕망도 소유욕도 일어나지 않고 열반에 들어간 것
모든 번뇌가 사라져 깨달음의 빛으로 가득 찬 사람은 이다.
이 세상에서 이미 대자유의 경지에 이른 것이다.

제7장 깨달은 사람
— 아라한품(阿羅漢品)

아라한은 수행자로서 가장 높은 경지에 이른 자다. 그는 세상 사람들의 존경을 받을 만하다.

마침내 이 세상의 여행 끝에 이르러
근심과 걱정에서 벗어나,
모든 속박을 끊고 자유를 얻은 사람
이제 그에게 더 이상 고통은 없다.

90

바르게 생각하는 사람은 호수를 등지고 또 다른 머물 곳을 찾아 떠나는 백조처럼 아라한을 꿈꾸며 미련 없이 집을 떠난다.

바르게 생각하는 사람은
집을 버리고 출가한다.
백조가 호수를 떠나듯
그 어떤 집도 연연하지 않고 떠난다.

91

소유하지 않고 그때그때 남이 바치는 것으로 받아쓰며 살고, 92
아무 데도 걸리지 않는 자유를 얻은 사람들의 경지는
공중을 나는 새가 발자국을 남기지 않듯
아무 흔적이 없어 평범한 이가 알기에는 어렵다.

먹고 입고 사는 것에 연연하지 않는 사람들은 아무것도 소유하지 않는다. 사는 것이 두려워 재산을 모으고 쌓으려는 사람들이 그 자유의 경지를 알기는 어렵다.

번뇌와 잡념을 모두 끊어버리고 먹고 입음에 구애받지 않으며, 93
상이 없는 자유를 얻은 사람들의 경지는
공중을 나는 새가 발자국을 남기지 않듯
아무 흔적이 없어 평범한 이가 알기에는 어렵다.

그 자유의 경지는 물질적인 재물 뿐만 아니라 온갖 정신적인 그 어떤 상에도 메이지 않는 텅 빈 허공과 같은 것이다.

마부가 잘 길들인 말처럼 94
모든 감각이 잔잔하고
교만과 번뇌가 끊어진 사람은
하늘의 신들도 그를 부러워한다.

자기를 길들이려면, 욕심을 비워야 가능한 일일 것이다. 욕심이 없는 사람은 티 없이 맑고 깨끗한 호수와 같고, 바람과 같아 걸림이 없다.

이는 할 일을 다 마친 깨달은 이다.	대지와 같이 너그럽고 문지방처럼 의무를 다하고 흙탕이 없는 호수처럼 맑은 사람에게 더 이상 윤회는 없다.	95
바른 지혜로 깨달음과 절대 평화에 이른 사람의 마음과 말과 행동은 지극히 고요하기만 하다. 그는 해탈하였고, 적멸의 경지에 이른 것이다.	바른 지혜로써 자유를 얻고, 완전한 평화에 이른 사람은 마음은 이미 고요하고 말과 행동 또한 고요하다.	96
이 세상에서 가장 뛰어난 사람은 누구일까? 바로 깨달음을 찾은 사람이다.	그릇된 믿음에서 벗어나 이 세상이 거짓임을 알고, 선악을 초월하고 집착과 욕망을 버리고, 다시 태어날 윤회의 인연을 끊어버린 사람, 그는 가장 뛰어난 사람이다.	97

마을이나, 숲속이나
깊은 바닷가나, 메마른 땅이나
성인이 머무는 곳이라면
그 어디에나 그곳은 즐겁다.¹⁾

98 시궁창 속이든 시냇가든 산 속이든 바위 틈이든 꽃은 은은한 향기를 내뿜으며 피어난다. 마치 꽃처럼 성인은 어디서나 향기가 난다.

사람들이 없는 숲속은 즐거운 곳이다.
집착을 버린 사람들은
세상 사람들이 즐거워하지 않는 곳에서 즐거워한다.
그들은 감각적 쾌락을 찾지 않기 때문이다.

99 성인들에게 사람들이 없는 숲속은 즐거운 곳이다. 그들은 감각적 쾌락과 욕심도 버렸고, 사람들과 섞여 사는 즐거움도 버렸기 때문이다.

제8장 천 가지
— 술천품(述千品)

마음을 차분히 가라앉히는 한 마디의 말로도 인생이 바뀐다.	쓸모없는 천 마디의 말보다 들어서 마음에 평화를 주는 단 한 마디의 말이 보다 낫다.	100

아무리 아름답게 꾸미더라도 의미 없는 천 편의 시보다 마음을 가라앉히는 한 편의 시가 낫다.	쓸모없는 천 편의 시보다 들어서 마음에 평화를 주는 단 한 편의 시가 보다 낫다.	101

쓸모없는 백 편의 시를 운율에 맞춰 읊기보다
들어서
마음에 평화를 주는
단 한 줄의 경經이 보다 낫다.

102 갠지스 강의 모래 알 만큼의 시보다도 경 한 줄 암송하는 게 낫다.

전쟁터에 나가
천 명의 적과 천 번 싸워 이기는 것보다
자기 자신과 싸워 이기는 자가
가장 뛰어난 승리자다.

103 자기를 정복한 이가 가장 뛰어난 사람이다.

자기를 정복하는 것이
남을 이기는 것보다 뛰어나다.
자신을 억제하고
항상 절제하는 사람이 되라.

104 남을 이기기는 쉬워도, 자기를 이기기는 어렵다.

스스로 이기는 사람은 아무도 이길 수 없다. 이제 그를 물리칠 수 없다. 간다르바(gandharva : 건달바)도, 악마(Mara)도, 브라만(Brahma : 범천, 힌두 전통에 따르면 세상을 창조한 신)도 이길 수 없다.

이와 같은 사람은　　　　　　　　　　　　　　　105

신들도, 음악의 신 간다르바도

그리고 악마, 세상을 창조한 최고의 신 브라만도

이제 그를 물리칠 수 없다.

정말 현명한 사람은 형식적인 의례나 복을 빌기보다는 자기보다 나은 사람을 존경할 줄 안다.

백 년 동안 달마다 천 금을 들여　　　　　　　106

제사를 지내는 것보다

단 한 순간이라도 잘 수양한 사람을

존경하는 것이 더 낫다.

신을 찾고 신에게 재물을 바치보다 자기보다 더 나은 사람을 본받아 자신을 수양하라. 우리말 아궁이는 산스크리트어 아그니 agni에서 온 말이다.

산 속에서 백 년 동안을　　　　　　　　　　107

불의 신 아그니에게 제사를 지내기보다

단 한 순간이라도 잘 수양한 사람을

돕는 것이 더 낫다.

이 세상에서 복을 받기 위해 일 년 내내 희생물을 바쳐 제사지내도 그 공덕은 올바른 수행자를 돕는 것의 4분의 1에도 미치지 못한다.	108	복을 구하기보다 차라리 어진 이를 예배하고 본받아라.
남을 존경하고 나이 드신 윗사람을 섬기면 다음 네 가지 복이 더욱 늘어난다 : 장수, 아름다움, 그리고 행복과 힘(건강).	109	항상 남을 존경하고 윗사람을 공손히 대하라. 아름다움과 건강과 행복과 장수가 따른다.
비록 백 년을 살더라도 행실이 나쁘고 마음이 어지럽다면 반성하고 덕행을 쌓으면서 바르게 하루를 사는 것만 못하다.	110	하루라도 당당하고 바르게 사는 것이 최고의 기쁨이다.

나는 누구이고, 어떻게 살아야 할까? 한 번 되돌아보라.

비록 백 년을 살더라도
어리석음과 방종 속에 사는 것은
어리석음에서 벗어나 똑바른 마음으로
하루를 사는 것만 못하다.

111

하루 하루 최선을 다하라.

비록 백 년을 살더라도
나약하고 게으르게 사는 것은
굳세게 노력하고 정진하며
하루를 사는 것만 못하다.

112

낳고 죽음의 이치를 모르고, 모든 사물이 생겨나고 사라지는 이치를 모르고, 영원히 변치 않는 자아가 없다는 진리를 모르고 사는 것은 아무런 의미가 없다.

비록 백 년을 살더라도
이 모든 존재의 시작과 끝을 알지 못한다면
그 같은 진리를 알고
하루를 사는 것만 못하다.

113

비록 백 년을 살더라도
불멸의 길을 알지 못하고 사는 것은
그 같은 길을 알고
하루를 사는 것만 못하다.

114   죽음에 이르지 않는 길을 깨달아라.

비록 백 년을 살더라도
궁극의 깨달음의 길을 알지 못하고 사는 것은
그 같은 진리를 알고
하루를 사는 것만 못하다.

115   최상의 진리, 즉 궁극의 깨달음은 생과 사를 초월한다.

제9장 죄와 벌1
— 악행품(惡行品)

좋은 일은 아끼지도 게으르지도 미루지도 말라. 마음은 벌써 악을 즐기게 된다.

선한 일은 서둘러 행하고,
악한 일에는 마음을 멀리하라.
선한 일을 머뭇거리면,
그 마음은 벌써 악을 즐긴다.

116

악행을 되풀이하지 마라. 그 죄과를 피할 수 없다.

만약 나쁜 짓을 했다면
다시는 되풀이하지 마라.
그 일을 즐겁게 여기지 말라.
악행이 쌓여 고통을 낳는다.

117

만약 좋은 일을 했다면
자꾸자꾸 되풀이하라.
그 일을 즐겁게 여겨라.
선행이 쌓여 기쁨을 낳는다.

118   선행은 거듭될수록 좋다. 그로 인해 반드시 복을 받게 된다.

악한 행위가 아직 무르익기 전에는
악한 자도 행복해 한다.
그러나 그 악행의 열매가 무르익게 되면
그는 재앙을 만나게 된다.

119   악행의 열매가 무르익으면 쓰디쓴 고통을 맛보게 된다. 앞 구절(69)을 참고하라.

착한 행위가 아직 무르익기 전에는
착한 사람도 고난을 당한다.
그러나 그 선행의 열매가 무르익게 되면
그는 복을 받는다.

120   선행의 열매가 무르익으면 복을 받는다. 업은 인과법칙과 비슷하다.

악행을 가벼이 여기지 말라. 큰 죄악이 된다. 어리석은 자여!	'내게는 업보가 오지 않으리라' 생각하고, 악을 가볍게 여기지 말라. 물방울이 고여서 물항아리를 채우듯 작은 악이 조금씩 쌓여 큰 죄악이 된다.	121
선행을 가벼이 여기지 말라. 지혜로운 자는 선행을 조금씩 쌓아간다.	'내게는 업보가 오지 않으리라' 생각하고, 선을 가볍게 여기지 말라. 물방울이 고여서 물항아리를 채우듯 조금씩 선행이 쌓여 큰 선을 이룬다.	122
악행을 멀리 하라. 지혜 있는 사람은 모든 악행을 피해 멀리 비껴간다.	많은 재물을 싣고 가는 상인이 동행이 적으면 위험한 길은 피하듯 생명을 아끼는 사람이 독을 피하듯 모든 악행은 피해야 한다.	123

손에 상처가 없으면
손으로 독을 만져도 아무 탈이 없다.
상처가 없으면 독이 해를 입힐 수 없듯이
악을 행하지 않는 이에게 악이 미치지 않는다.

124   몸과 마음에 흠결이 없도록 항상 잘 보호하라. 악에 물들지 않으면 악이 어찌할 수 없다.

맞바람에 던진 먼지가 자신에게 날아오듯
순진한 사람을 속이고
순수하고 때 묻지 않고 죄 없는 이를 해치면,
그 악은 오히려 그 어리석은 자에게 떨어진다.

125   악행은 맞바람에 던지는 먼지와 같다.

어떤 사람은 모태에 다시 들어가고,
악인은 지옥으로 떨어지고,
착한 이는 천상으로 올라가고,
번뇌에서 벗어난 이는 열반에 든다.

126   여기서 '모태'는 이 세상에 다시 태어나는 것을 의미한다. 삼독(三毒 : 탐욕과 성냄과 어리석음)에서 벗어난 이는 니르바나에 들어간다. 그곳에서 그는 완전한 자유를 얻는다.

| 악업의 과보는 피할 수도 없고, 그 업으로부터 숨을 수 있는 곳도 없다. | 하늘도 아니고, 바닷속도 아니고, 깊은 산 동굴 속도 아니다. 악업의 과보에서 벗어날 수 있는 곳은 이 세상 그 어디에도 없다. | 127 |

| 죽음에서 벗어날 수 있는 피난처는 없다. | 하늘도 아니고, 바닷속도 아니고, 깊은 산 동굴 속도 아니다. 죽음에서 벗어날 수 있는 곳은 이 세상 그 어디에도 없다. | 128 |

제10장 죄와 벌2
— 도장품(刀杖品)

모든 생명은 폭력을 두려워하고,
모든 생명은 죽음을 두려워한다.
이 이치를 네 몸에 견주어서
남의 생명을 죽이거나 죽게 하지 말라.

129 네 생명을 아끼듯 남의 생명을 소중히 여기라.

모든 생명은 폭력을 두려워하고,
모든 생명은 평화로운 삶을 사랑한다.
이 이치를 네 몸에 견주어서
남의 생명을 죽이거나 죽게 하지 말라.

130 나와 남이 다르지 않고, 나와 남이 별개가 아니다. 우주 만물이 하나로 연결되어 있듯이 우리는 하나다.

모든 사람은 행복을 추구한다. 바로 너처럼! 네 이기심 때문에 남의 행복을 짓밟지 말라.

모든 생명은 행복을 바라는데
폭력으로 이들의 행복을 해치는 자가
자신의 행복을 구할지라도
뒷세상의 행복은 얻지 못한다.

131

행복은 나만의 것도, 너만의 것도 아니다. 우리 모두의 것이다.

모든 생명은 행복을 바라는데
폭력으로 이들의 행복을 해치지 않고
그 속에서 자신의 행복을 구하면
뒷세상의 행복도 얻게 되리라.

132

욱 하면 떽 한다. 결국 화를 내면 스스로도 후회하게 되고 그 갚음이 따른다.

거친 말을 하지 마라.
가는 말이 고우면 오는 말이 곱다.
성난 말은 고통이다.
그 말이 앙갚음되어 네게 돌아온다.

133

깨진 종처럼 묵묵히 말이 없다면
그대는 이미 절대평화에 든 것이다.
모든 시비가 없어져
소리치며 화 낼 일이 사라졌기 때문이다.

134 시비, 분쟁, 적대감, 적개심은 말에서 빚어진다. 깨진 징처럼 침묵하는 것도 좋은 방법이다.

소치는 이가 지팡이로 툭툭 치면서
풀이 새로 돋아난 초원으로 소들을 몰고 가듯
늙음과 죽음은
뭇 생명들을 새로운 탄생으로 몰고 간다.[1]

135 늙고, 죽어가는 것을 두려워마라. 이는 보다 나은 새로운 삶을 살 수 있는 기회이기도 하다.

어리석은 자는 악을 행하면서도
스스로 그것을 깨닫지 못하고,
자기가 지은 업의 불길로
제 몸을 태우며 괴로워하게 된다.

136 뜨거운 줄 모르고 만져 불에 화상을 입듯이 어리석은 자는 제 몸을 태우게 되는 지도 모르고 악행의 불길 속에 뛰어들고 있는 것이다.

죄 없는 순박한 사람을 폭력을 사용하여 해를 끼치거나 모함하지 말라. 그 벌이 가혹하고, 그 끝은 지옥에 떨어진다.

힘 없고 죄 없는 사람을 137
폭력으로 해치는 자는
다음 열 가지 벌 중에
어느 하나를 받게 된다.

첫째, 견디기 어려운 극심한 고통 138
둘째, 보기 흉측한 늙음
셋째, 육체적 상처와 무서운 질병
넷째, 정신 착란

다섯째, 권력으로부터 화를 당함 139
여섯째, 지독한 모함과 비난
일곱째, 일가친척의 멸망
여덟째, 가산의 탕진과 재산의 손실

아홉째, 집에 불이 남 140
열째, 죽고 난 후 지옥으로 떨어져
불길 속에 내던져진다.
이것이 열 가지 갚음이다.

나체의 고행과 소라 같이 틀어 올린 머리, 141
온몸에 재를 바르고 단식을 하고 맨땅에서 잠을 자고,
먼지를 뒤집어쓰고, 그리고 쪼그려 앉아 꼼짝하지 않는 혹독한
갖가지 고행도 의심을 끊지 못한 자를 맑게 할 수는 없다.

> 혹독한 금욕생활의 고행도 의심으로부터 자유로워지지 않는 한 자유를 찾지 못한다.

비록 화려한 가사를 입지 않았더라도 142
지극히 평온한 마음으로 행동을 삼가고,
육체의 욕망을 끊고, 살아 있는 생명을 해치지 않으면
그가 진정한 바라문이고, 사문이고, 비구다.

> 삼가 하여 살아 있는 것들을 해치지 마라. 욕망도 끊어 버려라. 그가 진정한 수행자다.

스스로 겸손하고, 참을 줄 알고, 부끄러움을 알면, 비난받지 않는다.	이 세상에서 스스로 겸손하고 능히 스스로 억제하며 잘 참는 사람 누가 있을까? 그런 사람은 누구에게도 비난받지 않으리라. 훌륭한 말은 채찍을 받지 않듯이.	143
매도 잘 쓰면 약이 된다. 자신을 채찍질 하라.	좋은 말에 채찍을 더하면 기운을 떨치어 힘차게 달리듯 부지런히 힘써 수도하라. 믿음과 계율과 정진으로 정신을 집중하고 깊이 생각하고 진리를 쫓고 지혜와 덕행을 더하면, 이 세상의 고통에서 벗어날 수 있으리라.	144
이 구절은 앞 구절(80)과 아주 비슷하다. 앞 구절을 참고하라.	물 대는 이는 물길을 바로 잡고, 활 만드는 이는 화살을 곧게 하고, 솜씨 좋은 목수는 나무를 잘 다듬고 잘 수련한 이는 자기 자신을 잘 다룬다.	145

제11장 늙어감[1]
— 노모품(老耄品)

세상은 쉼 없이 불타고 있는데,
무엇에 웃고 무엇을 기뻐하랴.
그대는 암흑 속에 둘러싸여 있는데,
어찌하여 등불을 찾지 않는가?

146   집에 불난 줄도 모르고 자는 이여, 잠에서 깨어나라.

보라, 이 아름답게 보이는 육체를!
육신은 상처 덩어리에 불과한 것,
병치레 끊일 새 없고 욕망에 타오르고,
영원하지도 견고하지도 못한 이 육체를![2]

147   우리가 몸을 보며 아름답다고 여기는 것은 환상일 뿐 사실 이 육체는 탐욕 덩어리다. 또한 젊음과 아름다움도 이내 시들고 만다.

우리 모두는 결국 늙고 병들어 한 줌의 흙으로 돌아간다.	이 육체는 늙어 시들고, 병의 둥지이고 깨지기 쉬운 그릇이다. 삶은 반드시 죽음으로 마치나니, 이 몸 산산이 부서져 썩어 없어지고 만다.	148
가을날 낙엽처럼 뒹구는 앙상한 백골을 상상해보라. 육체적 만족은 잠시 뿐이다.	목숨이 다해 정신이 떠나면 가을 들녘에 버려진 표주박처럼 살은 썩고 앙상한 백골만 뒹굴 텐데, 무엇을 기뻐할 것인가!	149
육신은 하나의 집이다.	이 육체는 **뼈**로 기둥을 삼고, 살과 피로 덮어 지은 집이다. 그 집에는 자만과 위선, 그리고 늙음과 죽음이 살고 있다.	150

금빛 찬란한 왕의 수레도 낡아 부서지고,
이 몸 또한 늙고 부서지고야 만다.
그러나 법의 수레바퀴는 결코 부서지지 않나니,
그 가르침이 선한 사람끼리 전해가기 때문이다.[3]

151 이 몸에 대한 애착보다도 마음을 갈고 닦아라. 젊음과 아름다움은 잠시뿐 이 육체는 곧 먼지가 되고 만다.

배우기를 힘쓰지 않는 사람은
황소처럼 늙어 간다.
그 몸은 살이 찌지만,
지혜는 자라지 않는다.

152 배움이 적은 사람은 견문을 넓혀라. 그렇지 않고 나이만 늘어나면 죽는 날만 기다리는 늙은 소와 같다.

이 집 지은 이 찾아
무던히도 헤매었지만,
찾지 못한 채 수많은 생을 보냈다.
삶은 언제나 괴로움만 되풀이되었을 뿐이다!

153 이 집을 누가 지었을까? 여기서 '집'은 육체를 말한다.

이 집은 짓는 것도, 부수는 것도 바로 나다.	이제 나는 이 집 지은 이를 찾았다! 나는 다시는 이 집을 짓지 않으리라! 기둥은 부서지고 서까래는 무너져 내렸다. 마침내 애착과 욕망이 말끔히 사라지고, 니르바나, 그 대자유의 끝에 이르렀다.	154
젊었을 때 부지런히 살라. 세월을 헛되이 보내지 말고, 방탕하지 말라.	젊은 날에 수행도 하지 않고 정신적인 재산도 모아두지 않은 사람은 고기 없는 연못가의 늙은 백로처럼 쇠약해져 쓸쓸히 죽어 가리라.[4]	155
늙고 기운이 쇠약해진 후, 지난 날을 후회한들 무슨 소용이 있으랴.	젊은 날에 수행도 하지 않고 정신적인 재산을 모아두지 않은 사람은 못 쓰는 부러진 화살처럼 쓰러져 누워 부질없이 지난 날을 한숨지으며 탄식하리라.	156

제12장 자기 자신
－기신품(己身品)

자기 자신을 사랑한다면
모든 일을 삼가며 자신을 잘 지켜야 한다.
인생의 세 번 가운데 단 한 번이라도.
오늘, 내일, 그리고 항상.[1]

157 자기를 사랑할 줄 안다면, 자기가 소중한 줄 안다면, 사랑하는 사람을 돌보듯 자신을 대한다.

먼저 자기 자신을 바로 갖추고
무엇이 옳고 그른가를 알고
그런 다음에 남을 가르치라.
그래야 괴로워할 일이 없으리라.

158 어설픈 충고나 가름침은 자신의 부족함을 드러낼 뿐이다.

| 남을 가르치려고만 말고, 먼저 자신을 갈고 닦아라. | 남을 가르치듯 먼저 스스로 행한다면,
 자기 자신을 잘 다룰 수 있고
 남도 잘 다스릴 수 있다.
 진실로 자신을 다루기는 참으로 어렵다. | 159 |

| 자신을 다스리면, 좋은 스승을 발견하는 것과 같다. | 자기야말로 자신의 스승이다.
 그 어떤 스승이 따로 있겠는가?
 자기 자신을 잘 다스리면
 얻기 힘든 스승을 얻은 것이다.[2] | 160 |

| 업은 스스로 받는다. 모든 것은 내 탓이다. | 내가 저지른 죄악은
 나로부터 생겨난 것,
 금강석이 보석을 부숴버리듯
 자기 자신을 망치게 한다. | 161 |

칡덩굴이 샤알라 나무를 휘감아 말라죽이듯
자신이 저지른 죄악이
자신을 휘감아 파멸시킨다.
원수가 바란 것인데, 저절로 파멸하고 만다.

162   악행은 덩굴처럼 뻗어나 자신을 파멸시킨다. 칡덩굴이 샤알라(娑羅樹 : sala tree) 나무를 말라 죽이듯이.

악행은 자신에게 해를 끼치지만,
그 일은 저지르기 쉽다.
그러나 선행은 자신을 이롭게 하지만,
그 일은 행하기가 어렵다.

163   좋은 일을 하고 옳은 길을 가는 것은 쉽지 않지만, 그 열매는 달다. 세상이 어지러워지는 것은 우리가 옳지 않은 길을 가기 때문이다.

진리를 따라 살아가는 성자의 가르침을
자신의 좁은 생각으로 비난하는 어리석은 자는
열매를 맺으면 곧 죽어버리는 깟타카 갈대처럼
자신을 파멸시킬 열매를 맺고 있는 것과 같아
스스로 파멸하고 만다.

164   나보다 나은 사람을 함부로 비방하지 마라. 그들은 나의 스승이지 비난의 대상이 아니다. 깟타카katthaka는 갈대의 일종이다. 갈대와 대나무와 파초는 열매를 맺으면 죽는다고 한다.

자기 자신이 깨끗하고 더러운 지는 자신이 한 말과 생각과 행동의 결과로 나타난 것이다. 그러니 아무도 나를 깨끗하게 해줄 수는 없다.	내가 악을 행하면 스스로 더러워지고, 내가 선을 행하면 스스로 깨끗해진다. 깨끗함과 더러움은 내게 달린 것, 그러니 아무도 나를 깨끗하게 해줄 수 없다.	165
남을 돕는 것도 중요하고, 자신이 해야 할 일을 하는 것도 똑같이 중요하다.	아무리 남을 위한 일이 뜻있는 일이라고 해도 결코 자신의 의무를 소홀히 하지 마라. 자기가 해야 할 일임을 분명히 알고 항상 그 일에 최선을 다하라.	166

제13장 이 세상[1]
— 세속품(世俗品)

악을 따르지 말라.
게으름을 피우며 생각 없이 살지 말라.
그릇된 견해에 끌려가지 말라.
세속에 너무 빠지지 말라.

167   세속과 지나치게 벗하지 말라. 세속에 지나치게 빠지지 말고, 세속에 너무 빠져 이 세상의 근심거리를 만들지 말라.

힘차게 일어나라. 게으르지 말라.
선행의 도리를 행하라.
진리에 따라 바르게 사는 사람은
이 세상에서나 저 세상에서나 편히 잔다.

168   죄 지은 자는 다리 뻗고 잠들 수 없다.

죄 지은 자는 편안하지 않다. 또한 즐겁지도 않다.	떳떳한 행동을 하라. 나쁜 행동을 하지 말라. 진리에 따라 바르게 사는 사람은 이 세상에서나 저 세상에서나 행복하다.	169
이 세상과 이 몸을 물거품처럼, 아지랑이처럼 보는 사람을 죽음의 왕인 야마인들 어찌 보겠는가? 이런 사람은 지옥의 염라대왕과도 마주치지 않는다. 앞 구절(46)과 비슷하다.	물거품처럼 이 세상을 보라. 아지랑이처럼 이 세상을 보라. 이같이 세상을 보는 사람은 죽음의 왕과 마주치지 않는다.	170
우리가 잘못을 저지르는 이유는 이 몸에 집착하고, 이 세상에 집착하기 때문이다.	보라, 이 세상을 한 번 보라. 임금의 수레처럼 화려하게 잘 꾸며진 이 세상을 보라. 어리석은 자는 화려함에 현혹되어 그 속에 빠지지만, 지혜로운 자는 거기에 집착하지 않는다.	171

이전에는 어리석음 속에 살았어도 지금 어리석음에서 벗어난다면, 그는 이 세상을 비추리라. 구름을 벗어난 달처럼.2)	172	이전에는 생각없이 살았어도 이제 성찰하며 살면 된다. 이전에는 게을렀어도 지금 게으르지 않고, 이전에는 잘못을 저질렀어도 다시는 잘못을 저지르지 않으면 된다.

| 어쩌다 악한 짓을 했더라도
선행으로 그 악행을 덮어버린다면,
그는 이 세상을 비추리라.
구름을 벗어난 달처럼. | 173 | 여기 중요한 것은 과거가 아니라 지금이다. 만약 과거에 잘못을 저질렀다면, 선한 행동으로 이 잘못을 덮도록 노력하면 된다. 기회가 주어진다는 것은 얼마나 다행스런 일인가. |

| 이 세상은 깜깜한 암흑이다.
그 속에서 분명하게 가려보는 이는 드물다.
그물에서 벗어난 새처럼
하늘에 오르는 이는 지극히 적다. | 174 | 우리 모두는 깨달음의 씨앗을 다 가지고 있지만, 깨달음에 이르는 이는 아주 드물다. 그물에서 벗어난 새처럼 자신이 지은 '아집'에서 벗어나야 한다. |

| 여기서 백조나 태양은 둘 다 하늘을 상징한다. | 백조가 태양의 경로를 따라 | 175 |

놀라운 힘으로 하늘 높이 나는 것처럼

지혜로운 이는 악마와 그 무리들을 이기고

이 세상을 벗어난다.

| 가장 무서운 것은 무지이다. '무지'야 말로 가장 무서운 병이다. | 하나뿐인 진리의 길을 역행하고 | 176 |

거짓말을 밥 먹듯 하고

내세를 비웃는 사람은

어떤 악도 서슴없이 범하고 만다.

| 욕심 많고 도무지 베풀 줄을 모르고 가지려고만 하는 어리석은 사람은 천상에 갈 수 없다. | 인색한 자는 하늘나라에 갈 수 없다. | 177 |

어리석은 자는 베푸는 것을 좋아하지 않는다.

그러나 지혜로운 사람은 베풀기를 좋아하므로

그 선행으로 저 세상에서 복을 누린다.

지상에서 왕이 되는 것보다도
천상에 올라가는 것보다도
온 천하를 다스리는 권력보다도
해탈(대자유)에 이르는 첫걸음이 훨씬 낫다.

178

이 세상에서 가장 높은 자리에 오르고, 아무리 많은 부와 권력을 누린다 해도 헛되고 헛된 것이다.

제14장 부처
— 불타품(佛陀品)

부처는 모든 것을 정복했다. 이 세상에서는 아무도 그 같은 정복을 해본 적이 없고, 무한한 지견을 가지고 있고 자취도 없이 깨친 사람을 무엇으로 유혹하여 인도할 수 있겠는가?

모든 것을 정복한 부처의 승리는 깨뜨릴 수 없고, 179
이 세상 누구도 그와 같은 승리는 얻지 못했다.
그의 깨달음의 경지는 끝이 없고 자취도 없다.
그 어떤 도로써 유혹하거나 인도할 수 있겠는가?

깨달은 이는 욕망이나 그 어떤 유혹의 그물에도 걸려들지 않는다. 공중을 나는 새가 흔적을 남기지 않듯 흔적도 없는 대자유인을 그 무엇으로 포박할 수 있겠는가?

그물처럼 얽힌 욕망이나, 180
그 무엇으로도 그를 유혹할 수 없다.
그 행동에 다함이 없고 자취도 없는 부처를
그 어떤 그물로 그를 유인하여 포박할 수 있겠는가?

깊이 생각하고 깨달은 이는 181 깨달은 사람은 신
명상에 잠기며 들도 경배한다.
이 세상의 욕망으로부터 해방되어 평화의 기쁨을 누린다.
하늘의 신들도 그를 부러워한다.

인간으로 태어나기도 어렵고, 182 인간으로 태어난
인간으로 태어나 오래 목숨을 보전하기도 어려우며, 것도 행운이고, 인
바른 진리의 가르침을 듣기도 어렵지만, 간으로 태어나 바
깨달은 이의 출현을 보는 것은 더욱 어려운 일이다. 른 진리의 가르침
  을 듣는 것만으로
  도 정말 크나큰 행
  운이 아닐 수 없다.

악한 일을 하지 말고, 183 이 정도는 우리에
선한 일을 하라. 게 아주 어려운 일
그리고 마음을 늘 깨끗이 하라. 을 요구하는 것은
이것이 모든 부처들의 가르침이다. 아닌 듯싶다. 그러
  나 이마저도 하지
  않는 사람들이 이
  세상에는 너무도
  많다.

참을 줄 아는 것은 고행보다 더 위대하다. 출가하여 참지 못하고 남에게 상처와 슬픔을 준다면, 대자유에 이르기도 전에 그동안의 노력이 허사가 되고 만다.

참고 견딤은 최고의 고행이고, 184
대자유에 이르는 것은 최고의 즐거움이다.
이와 같이 모든 깨달은 사람들은 한결같이 말한다.
출가하여 남을 해치거나 괴롭히는 이는 수행자가 아니다.

하루에 10분씩만이라도 깊은 명상에 빠져보라. 마음이 가라앉으며 지혜가 떠오른다.

남을 헐뜯지 말고, 해치지 말라. 185
계율을 지키고, 음식을 절제하며,
외진 곳에서 홀로 한가히 앉아
깊은 사색에 전념하라.
이것이 모든 깨달은 이들의 가르침이다.

인간의 욕심은 한도 끝도 없다. 황금이 산처럼 쌓인다고 한들 그 욕심을 다 채울 수가 없다. 그러나 욕망의 쾌락은 짧고 고통은 길다.

황금이 비처럼 쏟아진다 해도 186
사람의 욕망을 다 채울 수 없다.
욕망에는 짧은 쾌락에 비해
긴 고통이 따른다.

지혜로운 사람은 그와 같이 알고,   187   진정한 기쁨은 욕
천상의 쾌락에도 기뻐하지 않는다.   망, 갈애, 집착과 애
완전히 깨달은 이의 제자는   착이 소멸할 때 비
모든 욕망의 소멸을 기뻐한다.   로소 온다.

사람들은 두려움을 느껴   188   공포와 두려움에 쫓
산과 숲속으로 들어가   긴 사람들은 점쟁이
나무나 신성한 터에서 제사를 지내며   마저도 의지한다.
의지하고 복을 구한다.

그러나 그곳은 안전한 피난처도 아니고,   189   이 세상에서 온갖
의지할만한 최선의 곳도 아니다.   고통에서 벗어날
그런 곳을 찾은 후에도   수 있는 곳은 없다.
온갖 고통으로부터 벗어날 수는 없다.   안전하게 의지할
                                                                     곳도, 안전한 피난
                                                                     처도 없다.

| 불, 법, 승, 이 셋三寶은 가장 안전한 피난처이다. | 부처佛와 가르침法과 승단僧에 | 190 |

의지할 곳을 찾은 사람은

바른 지혜를 가지고

다음 네 가지 거룩한 진리四聖諦를 깨닫게 된다.

네 가지 거룩한 진리는 고집멸도이고, 여덟 가지 바른 길, 즉 팔정도八正道는 깨달음에 이르는 길이다.

괴로움苦과 191

괴로움을 일으키는 원인集과

괴로움을 없애는 것滅과

괴로움을 없애는 데 이르는 여덟 가지 바른 길이다道.

고통에서 벗어날 수 있는 길은 그 고통을 일으키는 원인을 없애는 것밖에는 딴 방법이 없다. 부처는 그 길을 가르쳐준 것이다.

이것만이 안전하고 192

더 없는 피난처이다.

이런 의지할 곳을 얻은 후에야

모든 괴로움에서 벗어난다.

부처는 만나기 어렵다.
그는 아무 데서나 태어나지 않는다.
이 같은 성자가 태어난 가문은
큰 은혜를 입으리라.

193　부처가 태어난 집안은 그 인연이 참으로 부러울 뿐이다. 그 인연으로 모든 가족들이 깨달음을 얻을 수 있으니 말이다.

깨달은 이의 출현은 즐겁고,
바른 가르침도 즐겁고,
승단의 화합도 즐겁고,
화합한 수도자들의 수행도 즐겁다.[1]

194　가르침을 듣고, 가르침대로 살며 수행하는 것은 큰 복이다.

사람들이 공양할 만한 분,
이미 허망한 선악과 논쟁에서 벗어나
세상의 근심 걱정을 초월한
부처나 그의 제자에게 공양하는 이와,

195　정말로 존경받아야 할 사람은 누구인가? 그런 사람을 존경하고 공양하라.

해탈의 길을 발견했고, 해탈의 길을 제시하는 구도자야말로 진정한 큰 스승이고 존경할 만한 분이 아니겠는가?	해탈의 길을 발견하고 아무 것도 두려워할 게 없고 마음의 평화를 누리는 그와 같은 이에게 공양하는 이의 그 공덕은 아무도 헤아릴 수 없으리라.	196

제15장 행복[1]
— 안락품(安樂品)

미워하는 사람들 속에서 살지만,
미움을 버리고 아무도 미워하지 말고 즐겁게 살자.
미워하는 사람들과 함께 있어도
미움에서 벗어나 살자.

197   미움 속에 살면서 미워하지 않고 살아가자. 혼자만이라도 미워하지 말고 살아가자. 세상이 아름다워질 것이다.

아픔이 있는 사람들 속에서 살지만,
아픔에서 벗어나 아파하지 말고 즐겁게 살자.
아픔이 있는 사람들과 함께 있어도
아픔에서 벗어나 살자.

198   아픔, 근심, 고뇌, 고민, 번뇌, 번민 등 다 부질없는 짓이다. 지혜로운 자는 두 번째 화살을 맞지 않는다.

삶에서 어찌 근심이 없으랴. 그러나 근심 또한 부질없는 짓이다. 근심의 원인을 살펴 그 방법을 강구하고 단순하고 소박하게 살자. 마음이 편안하고 행복하다.	근심에 지친 사람들 속에서 살지만, 근심에서 벗어나 근심하지 말고 즐겁게 살자. 근심이 있는 사람들과 함께 있어도 근심에서 벗어나 살자.	199
여기 영원한 내 소유는 없다. 삶 그 자체를 만끽하라. 그것이 행복이다.	아무것도 가진 것이 없어도 더없이 즐기며 살자. 우리는 광음천의 신들처럼 즐거움을 먹으며 살자.	200
진정한 행복은 이기고 지는 것에 있지 않다. 이 두 개는 모두 불행이 따른다. 진정한 행복은 이 두 차원을 넘어서야 한다.	승리는 원한을 낳고, 패자는 슬픔에 산다. 승리나 패배 이 두 생각을 버린 사람은 마음이 고요하고 행복하다.	201

욕망보다 더한 불길은 없고,
증오보다 더한 나쁜 악은 없고,
육체보다 더한 고통은 없고,
마음의 고요보다 더한 행복은 없다.

202 마음이 편안하면, 그것이 행복이다.

굶주림은 가장 큰 병이고
이 몸은 가장 큰 괴로움이다.
이 사실을 있는 그대로 알면
최고의 행복은 열반에 이르는 것이다.

203 육체는 고통의 근원이다. 우리는 열반에 들기 전에는 이 고통에서 벗어날 수 없다.

건강은 가장 큰 선물이고
만족은 가장 큰 재산이다.
믿음은 가장 귀한 벗이고
대자유는 가장 큰 행복이다.

204 건강하고, 만족할 줄 알고, 믿음이 있는 것도 행복이다. 물론 최고의 행복은 대자유에 이르는 것이리라.

| 고독의 맛과 평화로움의 맛을 아는 사람은 마음이 어지럼힘을 좋아하지 않는다. 그들은 뒤도 돌아보지 않고 악으로부터 떠난다. | 고독의 맛과
평화로움의 맛을 본 사람은
진리의 기쁨을 맛보면서
고뇌와 악으로부터 벗어난다. | 205 |
|---|---|---|
| 좋은 사람을 가까이 하라. 그와 함께 하면 늘 행복하다. | 성인을 만나는 것은 좋은 일이다.
함께 있으면 항상 즐겁다.
어리석은 자를 보지 않으면
마음이 늘 편안하고 즐겁다. | 206 |
| 어리석은 자와 함께 어울리지 말라. 그로인해 큰 괴로움이 따른다. | 어리석은 자와 함께 걷는 사람은
오래도록 근심이 따른다.
어리석은 자와 함께 머무는 것은
원수와 함께 사는 것만큼이나 고통스럽다.
현명한 사람과 함께 살면
친척들과 함께 모인 것처럼 즐겁기만 하다. | 207 |

그러므로 달이 천체의 궤도를 따르듯이, 208
지혜롭고 널리 배우고 잘 참고,
믿음직하고 거룩한
이런 선인과 선지식을 따르라.

널리 배워 겸손하고, 존경할 만한 사람을 가까이 두고 따르라. 머지않아 뭇별 속에 달처럼 빛나리라.

제16장 쾌락
― 애호품(愛好品)

삶의 목표도 없고, 뜻 있는 일도 하지 않고, 해야 할 일도 하지 않고, 쾌락만을 쫓는 사람은 자신의 안녕을 내팽개치는 것과 같다.

세상일에 정신이 팔려 명상에 전념하지 못하고　　　209
해야 할 것을 하지 않고
쾌락을 쫓는 사람은
반드시 명상의 길을 걷는 사람을 부러워하게 된다.

사랑하고 미워하는 것도 모두 집착이다.

사랑하는 사람을 가지지 말라.　　　210
미워하는 사람도 가지지 말라.
사랑하는 사람은 못 만나 괴롭고,
미워하는 사람은 만나서 괴롭다.[1)]

그러므로 사랑하는 사람을 애써 만들지 말라.
사랑하는 사람을 잃는 것은 고통이다.
사랑도 없고 미움도 없는 사람은
얽매임이 없다.²⁾

211 사랑하는 사람과 헤어지는 것도 커다란 고통이다. 아버지, 어머니, 친구, 연인과의 헤어짐만큼 더 큰 고통도 없다.

사랑에서 근심이 생기고
사랑에서 두려움이 생긴다.
사랑에서 벗어난 사람은
근심이 없는데 어찌 두려움이 있으랴!

212 사랑하는 존재가 있을 때 그 사랑하는 사람을 잃을까 봐 걱정하고 두려워하게 된다.

애착에서 근심이 생기고
애착에서 두려움이 생긴다.
애착에서 벗어난 사람은
근심이 없는데 어찌 두려움이 있으랴!

213 애착은 집착보다 더 질긴 것이다. 집착은 '그냥 내버려두지 않다'의 의미이고, 애착은 '우리를 집게발로 꽉 붙잡고 놓아주지 않는 게'와 같은 것이다.

쾌락이나 즐거움도 그것을 잃어버릴까 봐 근심이 생기고 두려움이 생기는 것이다.	쾌락에서 근심이 생기고 쾌락에서 두려움이 생긴다. 쾌락에서 벗어난 사람은 근심이 없는데 어찌 두려움이 있으랴!	214
욕망, 욕심, 탐욕도 마찬가지이다.	욕망에서 근심이 생기고 욕망에서 두려움이 생긴다. 욕망에서 벗어난 사람은 근심이 없는데 어찌 두려움이 있으랴!	215
이 세상의 모든 것은 헛되고 헛된 것이다.	헛된 집착에서 근심이 생기고 헛된 집착에서 두려움이 생긴다. 헛된 집착에서 벗어난 사람은 근심이 없는데 어찌 두려움이 있으랴!	216

덕과 지혜를 갖추고
바르게 행동하고 진실을 말하며
자기 할 일을 다 하는 자를
사람들은 사랑한다.

217   사람들과 이웃들에게 사랑을 받는 것은 다 그럴만한 이유가 있기 때문이다.

말로는 다할 수 없는 경지에 이르기를 바라고,
생각이 깊고,
온갖 욕망으로부터 벗어난 이를
'생사의 흐름을 거슬러가는 이'라 부른다.

218   그는 세상에 대한 헛된 욕망으로 가득 찬 것이 아니라, 대자유를 향한 마음으로 가득 차 있는 사람이다.

오랜 세월 객지를 떠돌다가
무사히 고향으로 돌아온 사람을
친척과 친구들과 염려하던 이웃들이
반갑게 맞아준다.

219   오랜 세월 타향에서 살다가 고향에 돌아온 사람이 얼마나 반갑겠는가?

우리는 이 세상에서 무언가 보람 있는 일을 하고 가야 한다. 그 보람 있는 일들이 저 세상에서 그대를 반갑게 맞아들이게 할 것이다.

이렇듯이 선행을 하고
이 세상에서 저 세상으로 건너간 사람은
착한 행실에 대한 보상으로 환영받는다.
사랑하는 사람이 돌아온 것을 반기듯이.

220

제17장 분노
― 분노품(忿怒品)

분노를 버려라. 자만을 버려라. 그 어떤 속박도 넘어서라. 명과 색(名色 : 이름과 모양)에도 집착하지 말라. 아무것도 가진 것 없는 사람은 고뇌에 쫓기지 않는다.	221	성냄도 자만도 없고, 아무것도 집착하지 않는 사람에게 고뇌할 게 무엇이 있겠는가?
달리는 수레를 멈추게 하듯 일어나는 분노를 다스리는 사람을 나는 진짜 마부라 부른다. 다른 사람들은 말고삐만 쥐고 있을 뿐이다.	222	성난 말을 길들이지 못하면 진정한 마부라 할 수 없다. 끓어오르는 분노를 다스리는 마부가 되라.

부드러움이 강함을 이긴다. 부드러운 것은 약한 것이 아니다. 미움을 미움으로 이기려 하지 말고, 미움을 사랑으로 이겨라. 이것이 바른 지혜이다.	부드러운 마음으로 분노를 이겨라. 선한 일로 악을 이겨라. 베풂으로써 인색함을 이겨라. 진실로써 거짓을 이겨라.	223
덕행을 쌓아라. 가진 것이 적더라도 누가 와서 원하거든 선뜻 내어주고, 그것이 아주 적은 것이든 큰 것이든 상관하지 마라. 부모가 자식에게 주듯이.	진실을 말하라. 분노하지 말라. 가진 것 적어도 달라면 줘라. 이 세 가지 덕으로 그대는 신들 곁으로 간다.	224
살생을 하지 말고, 항상 몸가짐을 바르게 하라. 여기서 '불멸의 경지'는 '변함이 없는 곳the unchangeable place'을 말한다.	생명 있는 것을 해치지 않고 항상 몸을 거두는 성자는 불멸의 경지에 이른다. 거기에 이르면 근심이 없다.	225

항상 깨어 있고
밤낮으로 공부하고
절대 자유를 추구하고자 하는 사람에게는
온갖 번뇌가 저절로 사라진다.

226   항상 깨어 있고, 밤낮으로 부지런히 배우고, 해탈을 향해 정진하는 이에게 무슨 번뇌가 있으랴!

아툴라여! 이것은 예전부터 말해 온 것이고,
오늘 새삼스레 시작된 것이 아니다.
"침묵을 지켜도 욕을 먹고,
말을 많이 해도 욕을 먹고,
적당히 말해도 욕을 먹는다."
이 세상에서 비난받지 않을 사람은 없다.

227   사람들은 곧잘 칭찬하고 곧잘 비난한다. 그러므로 다른 사람이 너에게 뭐라고 하든 거기 전혀 관계치 말라. —라다크리슈난. 여기서 아툴라Atula는 부처의 가르침을 듣고 있는 제자이다.

비난만 받는 사람도, 칭찬만 받는 사람도
이 세상에는 없다.
과거에도 없었고, 현재도 없고,
미래에도 없을 것이다.

228   지극히 당연한 말이다. 욕먹는 사람도 칭찬할 일이 생기고, 칭찬을 받는 사람도 욕먹는 일이 생길 수 있다.

행동에 흠이 없고 지혜와 덕까지 갖추고 있다면,	만약 어떤 성인이 날마다 살피면서 "이 사람은 현명하여 행동에 결점이 없고, 깊은 지혜와 덕을 갖추고 있다"고 칭찬을 한다면,	229
어찌 비난할 수 있겠는가?	누가 그를 비난하겠는가? 그는 잠부Jambu 강의 금으로 만든 금화 같은 존재, 도리어 신들도 그를 칭찬하고 브라만도 그를 칭찬할 것이다.	230
몸身을 다스리고 억제하여 몸으로 짓는 죄를 없게 하라.	몸이 성냄을 조심하고, 몸을 억제하라. 몸으로 죄를 짓지 않게 하고 몸으로써 선을 행하라.	231

말이 성냄을 조심하고,

말을 삼가라.

말로 죄를 짓지 않게 하고

말로써 선을 행하라.

232 입口을 다스리고 억제하여 말로 짓는 죄를 없게 하라.

마음이 성냄을 조심하고,

마음을 억제하라.

마음으로 죄를 짓지 않게 하고

마음으로써 선을 행하라.

233 마음意을 다스리고 억제하여 마음으로 짓는 죄를 없게 하라.

지혜로운 이는 몸을 억제하고,

말을 삼가고,

마음을 억제한다.

지혜로운 이는 잘 억제하여 자신을 지킨다.

234 '몸'과 '입'과 '마음', 이 셋三業을 잘 억제하는 사람은 화를 불러오지 않는다.

제18장 더러움
— 진구품(塵垢品)

죽음이 가까이 와 있는데, 그러나 아직 길 떠날 준비도 되지 않았구나.	그대는 이제 시들어진 낙엽이다. 죽음의 사자도 그대 곁에 와 있다. 그대는 죽음으로 가는 길목에 서 있다. 그런데 그대에게는 노자마저 없구나.	235
그대 자신을 의지처로 삼아서 부지런히 노력하라. 서둘러 천상의 거룩한 땅으로 올라갈 준비를 하라.	그러므로 자신의 의지할 곳을 만들라. 그리고 서둘러라. 부지런히 수행하여 지혜로워져라. 그리하여 더러운 때를 씻고 죄에서 벗어나면, 천상의 거룩한 땅聖地로 올라가리라.	236

그대의 생은 종점에 다다랐다. 그대는 이미 염라대왕 앞에 와 있다. 죽음으로 가는 길 도중에 쉴 곳도 없는데 그대는 길 떠날 준비조차 되지 않았구나.	237	앞 구절(235)과 아주 비슷하게 반복하고 있다. 이렇게 반복하는 것은 시급함을 강조하기 위함이다.
그러므로 자신의 의지할 곳을 만들라. 그리고 서둘러라. 부지런히 수행하여 지혜로워져라. 더러운 때를 씻고 죄에서 벗어나면 다시는 삶과 늙음이 다가서지 못하리라.	238	이 역시 앞 구절(236)과 비슷하게 반복함으로써 이를 강조하고 있다.
마치 대장장이가 은의 불순물을 제거하듯 지혜로운 사람은 차례차례, 하나하나, 조금씩 조금씩 자기 때를 벗겨낸다.	239	은세공이 은에 묻은 때를 구석구석 벗겨내듯이 지혜로운 이는 자기의 더러움을 조금씩 조금씩 벗겨낸다.

| 쇠붙이 속의 녹이 결국은 쇠붙이를 갉아먹어 버리듯 죄가 스스로 죄 지은 자를 지옥으로 데려간다. 이것이 업이다. 때문에 모든 것이 내 탓이다.

쇠에서 생긴 녹이
쇠를 먹어들어 가듯
죄를 지은 자는 자기의 악행 때문에
스스로 지옥으로 걸어간다.

240

몸을 함부로 하여 건강을 잃는 것은 몸의 때다. 진리를 듣지 않아 악한 생각이 나는 것은 마음의 때다.

독경하지 않으면 구도자가 때 묻고,
수리하지 않으면 집이 때 묻고,
옷차림을 게을리 하면 용모가 때 묻고,
방심하여 돌보지 않으면 보호자가 때 묻는다.

241

베푸는 이도 마음에 때가 끼면 인색해진다. 부지런한 이가 마음에 때가 끼면 게을러진다.

부정한 짓은 부녀자의 때고,
인색함은 베푸는 이의 때고,
악행은 참으로
이 세상과 저 세상의 때다.

242

그러나 이 모든 더러운 때 중에서도 가장 더러운 때는 무지이니, 수행자여, 이 더러운 때를 씻어 모든 때에서 벗어나라.	243	무지는 때가 묻어도 때 묻은 줄 모르고, 죄를 짓고도 죄지은 줄 모른다. 모든 때는 바로 무지에서 비롯된다.
수치심도 없고 부끄러운 줄 모르고, 이간질하고, 중상모략하고, 무례하고, 뻔뻔하고, 더러운 채로 사는 사람에게 인생은 살기 쉽다.[1]	244	수치심도 없고, 부끄러운 줄도 모르는 파렴치한 이들에게 인생은 너무나 쉽고 간편하다.
부끄러운 줄을 알고 항상 깨끗함을 쫓고, 겸손하고, 집착하지 않고, 무례하지 않고, 진리를 보고, 때 묻지 않고 사는 사람에게 인생은 살아가기 힘들다.	245	때 묻지 않고 깨끗하게 살아가는 사람에게 이 삶은 힘든 고행길이다. 그럼에도 불구하고 우리는 이 삶을 조심성 있게 살아가야 한다.

이는 나쁜 사람들의 표본이다.	살아 있는 생명을 죽이고, 거짓을 말하고, 주지 않는 것을 가지고, 남의 아내를 범하고,	246
여기에 나오는 술은 인도인들이 슬거마시던 술로 베다시대부터 내려온 곡식으로 빚은 수라주sura와 과일로 빚은 메라야주meraya를 말한다.	곡식이나 과일로 빚은 술에 취하여 밤낮을 모르고술에 빠져 사는 사람은 이미 이 세상에서 자신의 뿌리를 파고 있는 것과 같다.	247
자제하지 못함은 악덕이다. 그로 인해 죄를 짓고, 죄의 과보로 받는 괴로움은 오래도록 간다.	사람들아, 이를 알라. 자제할 줄 모르는 것은 악덕이다. 탐욕과 부정으로 인해 기나긴 고통을 받지 말라.	248

사람들은 자신의 신념에 따라 베풀고,   249   무엇을 베풀 때 아까워 조마조마한 마음이 들거나, 베푼 것에 만족할 줄 모르고 언짢아하면 둘 다 마음의 안정을 얻을 수 없다. 여기서 베푸는 것은 포괄적인 의미이지 음식만을 얘기하는 것이 아니다.
자신이 좋아하는 것을 베푼다.
남이 베푼 것에 만족할 줄 모르면
낮이나 밤이나 마음의 평안을 얻지 못한다.

만약 이 불만의 생각을 끊어,   250   매사에 감사하라.
뿌리째 없애 버린 사람은
낮이나 밤이나
진실로 마음의 평안을 누린다.

정욕보다 더 뜨거운 불길은 없고,   251   이 세상의 그 어떤 것도 마음에서 일어나는 온갖 나쁜 것들에 미치지 못한다. 앞 구절(202)과 비슷하니 참고하라.
증오보다 더 질긴 밧줄은 없고,
미망보다 더 단단한 그물은 없고,
욕망보다 더 세찬 강물은 없다.

남의 잘못은 쌀 속의 돌처럼 골라내고, 자기 잘못에는 눈을 감는다.	남의 허물은 보기 쉬워도 자기 허물은 보기 어렵다. 남의 허물은 겨처럼 까불어 내버리지만 자기 허물은 투전꾼이 나쁜 패를 감추듯 한다.	252
다른 사람의 결점이 눈에 잘 띄는 것은 그 만큼 자기 자신이 때가 묻었기 때문이다.	남의 허물을 들춰내어 항상 불평하고 나무라는 사람은 번뇌가 없어지기는커녕 점점 늘어난다.	253
여기서 '미혹'은 미망에 빠져 갈피를 잡지 못한다는 뜻이다. 외도를 걷지 말라. 진리의 길은 오직 하나 뿐이다. 다른 모든 길은 진리에 이르는 데 방해가 된다.	허공에는 길이 없고 외도에는 구도의 길이 없다. 세상 사람들은 미혹한 줄 모르고 좋아하지만 깨달은 사람들은 미혹에서 벗어나 있다.	254

허공에는 길이 없고
외도에는 구도의 길이 없다.
이 세상에는 영원한 것이 없고
깨달은 사람에게는 흔들림이 없다.

255

이 세상의 모든 사물과 현상은 덧없이 변해간다. 무상한 것을 마음에 두지 마라. 오직 변치 않는 진리를 마음에 두라.

제19장 정의
— 주법품(住法品)

무엇이 옳고 그른가를 깊이 생각하고 정의를 따르는 사람은 지혜 있는 사람이다.	강제로 목적을 달성하려는 것은 정의가 아니다. 옳음과 그름, 이 두 가지를 잘 분별하는 이는 현명하다.	256
사실은 자신이 없는 사람이 강제적이고 폭력을 사용한다. 이는 지혜롭지도 정의롭지도 않다.	강제가 아니고 공평하고 순리대로 남을 인도하고 지혜롭고 정의로운 사람을 진리를 실천하는 사람이라고 부른다.	257

말을 많이 한다고 258 빈 수레가 요란하
배운 사람이 아니다. 고, 빈 두레박이 소
미움과 두려움에서 벗어나 리가 난다. 물이 꽉
고요한 사람이 배운 사람이다. 찬 두레박은 때려
도 소리가 나지 않
는다.

말을 많이 한다고 해서 259 말보다 중요한 게
진리를 실천하는 사람이 아니다. 실천이다. 머리가
배움은 적더라도 아니라 몸으로 실
몸으로써 체험하여 분별하고 천하는 것이다.
진리에서 벗어나지 않음이
진리를 실천하는 사람이다.

머리카락이 희다고 해서 260 큰 스승과 같은 사
어른이 아니다. 람이 어른이다. 나
속절없이 나이만 먹었다면 이만 먹었다고 어
그는 부질없이 늙어버린 속빈 늙은이다. 른이 아니다.

생물학적 어른이 되기는 쉬워도, 진정한 어른이 되는 것은 결코 쉽지 않다.	진실과 덕행과 비폭력과 절제와 자제할 줄 알며, 더러운 때를 벗고 이치에 밝은 사람을 어른이라 한다.	261
말 잘하고 외모가 뛰어난 게 중요한 것이 아니다. 중요한 것은 그 마음이다. 마음속에 사랑, 연민, 자비, 정의가 있어야 한다.	말을 그럴 듯하게 잘 하거나, 용모가 뛰어나더라도 질투하고 인색하고 간사한 사람은 훌륭한 인물이 아니다.	262
성공하고 출세한 사람을 훌륭하다고 생각하는 것은 큰 착각이다. 착하고 바르게 사는 사람이 훌륭한 사람이다.	질투와 인색함과 간교함을 뿌리째 뽑아 없애 버리고, 죄 짓지 않는 어진 사람을 훌륭한 인물이라 한다.	263

구도의 마음이 없고 진실하지 못한 자는
머리를 깎았더라도 수행자가 아니다.
욕망과 탐욕에 차 있는 자가
어찌 수행자이겠는가?

264 마음에 뜻한 바도 없고 거짓말을 하는 자가 어찌 수행자이겠는가?

작거나 크거나
악한 성질을 가라앉힌 사람은
모든 악을 가라앉힌 바와 같기 때문에
수행자라고 부를 수 있다.

265 악의 기운을 없애기 위해 수행하라. 그리하면 모든 악을 가라앉힐 수 있다.

걸식하는 것만으로
수도승이라고 할 수는 없다.
진리를 온전히 실천하는 것이 수도승이지
걸식 하나로 수도승이라 부를 수는 없다.

266 세상에는 가짜와 진짜의 차이를 겉으로 쉽게 구분할 수는 없지만, 이 또한 금방 드러나게 된다.

| 몸과 마음을 깨끗이 하고, 선악에도 물들지 말라. 그리고 항상 신중하게 처세하라.

선과 악에도 물들지 않고, 267
청정한 행위를 닦아 몸과 마음이 깨끗하고,
세상을 신중하고 사려 깊게 살아가는 사람을
진정한 수도승이라고 한다.

단순히 침묵을 한다고 '침묵의 성자(무니)'가 되는 것은 아니다. 무지에서 벗어나는 것이 성자다.

침묵만으로 268
어리석고 무지한 사람이 성자가 될 수 없다.
어진이가 저울을 가지고 달 듯
선을 취하고 악을 버리면 그는 성자다.

선악을 분별하고 선을 취하고 악을 버리면 성자가 되고, 선의 차원마저 넘어서게 되면 그는 부처가 된다.

악을 버리면 269
그것으로 그는 성자다.
저울질 하듯 선과 악 두 가지를 분별할 줄 알면
그것으로 그를 성자라 부른다.

생명 있는 것을 해치면
그는 성자가 아니다.
생명 있는 것을 해치지 않기 때문에
그를 성자라 한다.

270   모든 살아 있는 생명에 연민의 마음을 느끼는 사람이 바로 성자다.

세상의 평범한 사람이 얻기 어려운
해탈의 기쁨을 나는 얻었노라.
그것은 계율을 지키고 서원을 하는 것으로도 아니고
또는 많은 지식에 의해서도 아니다.

271   부지런히 배우고 계율을 지키고 서원을 하는 것도 중요한 것이지만, 그러나 이것만으로는 깨달음에 이를 수 없다.

또는 고요히 명상에 잠겨 있더라도
홀로 지내는 것으로도 얻기 어렵다.
그러니 수행자여 자만하지 말라,
마음속 번뇌가 다 끊어지기 전에는.

272   가장 중요한 것은 형식이나 고행이 아니라 마음의 번뇌를 끊어내는 것이다.

제20장 길
— 도행품(道行品)

<table>
<tr><td>여덟 가지 바른 길 八正道과 네 가지 거룩한 진리四聖諦는 앞 구절(191)을 참고하라.</td><td>

모든 길 가운데 '여덟 가지 바른 길'이 으뜸이고,

모든 진리 가운데 '네 가지 거룩한 진리'가 으뜸이고,

모든 덕 가운데 욕망을 버리는 무욕의 덕이 으뜸이고,

모든 사람 가운데 눈 밝은이가 으뜸이다.

</td><td>273</td></tr>
<tr><td>진리의 길은 악마와 죽음과 죄에서 벗어나는 길이다. 이 길을 걷는 자는 마왕도 곤혹스럽게 하리라.</td><td>

이것이 길이다.

진리를 보는 눈을 맑게 하는 다른 길은 없다.

그대는 이 길을 따르라.

이 길은 걷는 자는 악마도 어지럽히지 못할 것이다.

</td><td>274</td></tr>
</table>

이 길을 가면
그대의 괴로움은 끝나리라.
나는 괴로움의 화살을 뽑아 버린 후,
그대들에게 이 길을 열어보였다.

275 붓나가 이 길을 통해 해탈을 하였고, 그 진리를 전하고 있는 것이다.

그대가 할 일은 끝없는 정진이다.
여래는 다만 그 길을 가리켜 줬을 뿐,
그 길에 들어서고 명상을 실천하는 수행자는
악의 사슬에서 벗어나리라.

276 이 길에 들어서서, 우리가 해야 할 일은 끝없는 수행정진이다. 팔리어 타타가타 tathagata는 여래如來를 뜻한다.

모든 것은 덧없다.
지혜의 눈으로 이 이치를 깨달은 이는
괴로움의 이 세상에서 멀어지려 한다.
이것이 청정淸淨에 이르는 길이다.

277 모든 존재는 덧없이 변해간다諸行無常. 모든 것이 무상하다. 조금만 주의를 기울이면 모두가 알 수 있는 사실이다.

이 모든 것은 괴로움이다―切皆苦. 무상한 것도 괴로움이고, 덥고 춥고 늙고 병들고 죽는 것도 괴로움이고, 좋아하는 사람과 이별하는 것도 괴로움이다.

모든 것은 괴로움이다. 278
지혜의 눈으로 이 이치를 깨달은 이는
괴로움의 이 세상에서 멀어지려 한다.
이것이 청정에 이르는 길이다.

이 모든 것은 불변의 실체가 없다諸法無我. 이 세상의 모든 존재는 영원히 변치 않는 자아가 없다. 이 세상의 모든 것은 인과 연으로 생겨난 것이다.

모든 것은 실체가 없다. 279
지혜의 눈으로 이 이치를 깨달은 이는
괴로움의 이 세상에서 멀어지려 한다.
이것이 청정에 이르는 길이다.

늦잠 자고, 게으르고, 나태하지 말라.

일어나야 할 때 늦게 일어나고, 280
젊고 힘이 있는데 게으름에 빠지고,
의지나 생각이 나약한 사람은
지혜에 이르는 길을 찾지 못한다.

말을 조심하고, 마음을 억제하고
몸으로 악행을 짓지 말아야 한다.
이 세 가지 행위를 깨끗이 하면
옛 성인이 가르친 그 길에 이르리라.

281 삼업三業, 즉 몸身, 말口, 마음意으로 나쁜 짓을 하지 말라.

명상에서 지혜가 생겨나고
명상이 없으면 지혜도 사라진다.
향상(삶)과 쇠퇴(죽음)의 두 갈래 길을 분명히 알아
지혜가 느는 길을 향해 가라.

282 두 길은 하나는 지혜의 길이고, 향상의 길이고, 사는 길이다. 또 하나는 무지의 길이고, 쇠퇴의 길이고, 죽는 길이다. 이를 알고 자기 자신을 일깨우라.

한 그루 나무를 베는 것에 그치지 말라.
숲을 베라. 욕망의 숲에서 두려움이 생기는 것이니,
수행자들이여, 욕망의 나무를 모두 베어
욕망의 숲에서 벗어나라.

283 여기서 숲은 '탐욕, 욕망'을 뜻한다. 한 그루의 나무가 아니라 욕망의 숲 전체를 베어버려라.

어미소의 젖을 찾는 송아지처럼 욕정은 떼 내기 쉽지 않다.	여자에 대한 남자의 욕정은 아무리 작아도 끊어지기 전에는 그 사람의 마음을 매어놓는다. 송아지가 어미젖에 매달리듯이.	284
가을 백합은 꽃이 시든 쓸모없는 것이다. 쓸데없는 자아에 대한 집착과 아집我執을 꺾어버려라.	가을 백합을 손으로 꺾듯이 자아에 대한 집착을 끊어버려라. 부처가 가르쳐 준 평화에 이르는 길을, 대자유의 이르는 길을 찾으라.	285
우리는 정작 죽음이 왔을 때, 자신이 어디서 살지는 생각하지 않는다.	우기雨期에는 여기서 살고, 여름과 겨울에는 저기서 살자고, 어리석은 자는 생각하지만, 죽음이 오고 있는 것은 생각지 않는다.	286

어린이나 가축에만 마음을 빼앗기고
물질을 모으는 데 들떠있는 사람은
큰 홍수가 잠든 마을을 휩쓸어가듯
저도 모르는 사이에 죽음이 휩쓸어간다.

287 소유하는 데 정신이 팔려 있는 사람은 예고 없이 찾아오는 죽음 앞에 속수무책이다.

자식도 구할 수 없고
부모나 친척도 구할 수 없고,
일가친척이라 할지라도
죽음에 다다라 붙잡히면 어찌할 수 없다.

288 죽음은 아무도 대신할 수 없다. 죽음에서 벗어날 방법은 오직 스스로 해탈하는 길뿐이다.

지혜로운 사람은 이 이치를 깨닫고
삼가 몸을 닦아 계를 지키고
해탈의 이르는 길을
서둘러 밝히라.

289 죽음이 언제 올지 모른다. 대자유에 이르는 길을 서둘러 밝히라.

제21장 여러 가지
— 광연품(廣衍品)

정말로 욕심 많은 이는 시시한 쾌락보다 큰 즐거움을 구한다.

조그만 쾌락을 버림으로써
큰 즐거움을 얻을 수 있다면
지혜로운 이는 보다 큰 즐거움을 바라보고
조그만 쾌락을 기꺼이 버린다.

290

거꾸로 그대는 자신의 행복을 짓밟고 남이 행복을 가로채 간다면 그를 미워하지 않겠는가?

남에게 고통을 줌으로써
자신의 행복을 구하는 자는
원한의 사슬에 얽매여서
원한에서 벗어날 수 없다.

291

마땅히 해야 할 일을 하지 않고
해서는 안 될 일을 거침없이 하면서
교만과 방종에 빠진 사람에게
번뇌는 점점 늘어만 간다.

292   나쁜 짓을 하고서 세상의 손가락질을 당하는 것은 부끄럽고 수치스러운 일이다. 그리고 괴로운 일이다.

항상 이 몸을 경계하여 그 덧없음을 알고,
해서는 안 될 일은 하지 않으며
해야 할 일을 꾸준히 하고
깊이 생각하고 조심성 있는 사람에게는
번뇌가 점점 사라져간다.

293   어리석은 사람들은 해야 할 일과 하지 말아야 할 일을 거꾸로 한다.

어머니와 아버지를 죽이고
크샤트리아 계급의 두 왕을 죽이고
왕국과 그 신하들을 멸망시키고도
수행자는 상처 하나 없이 무사하다.

294   여기서 어머니는 '정욕'을, 아버지는 '교만'을, 두 왕은 '두 개의 이단'을, 왕국은 '감각적 쾌락'을, 신하들은 '집착'을 뜻한다.

여기서 두 거룩한 왕과 다섯 번째 위인이 정확히 무엇을 뜻하는지 모르겠지만, 아마도 전자는 '단견과 상견'을, 후자는 오온 중의 '식'을 뜻하는 것이 아닐까 싶다.	어머니와 아버지를 죽이고 두 거룩한 왕을 죽이고 다섯 번째 위인을 죽이고도 수행자는 상처 하나 없이 무사하다.[1]	295
부처의 제자는 자나 깨나 부처佛를 생각한다.	부처의 제자들은 언제나 깨어있고 낮이나 밤이나 부처를 생각한다.	296
부처의 제자는 자나 깨나 부처의 가르침法을 생각한다.	부처의 제자들은 언제나 깨어있고 낮이나 밤이나 부처의 가르침을 생각한다.	297

부처의 제자들은
언제나 깨어있고
낮이나 밤이나
부처의 승단을 생각한다.

298 부처의 제자는 자나 깨나 동료僧들을 생각한다.

부처의 제자들은
언제나 깨어있고
낮이나 밤이나
육신의 덧없음을 생각한다.

299 부처의 제자는 자나 깨나 제행무상을 생각한다.

부처의 제자들은
언제나 깨어있고
낮이나 밤이나
불살생을 기뻐한다.

300 부처의 제자는 자나 깨나 연민의 정 慈悲이 넘친다.

| 부처의 제자는 자나 깨나 선정禪定을 즐긴다. | 부처의 제자들은
언제나 깨어있고
낮이나 밤이나
명상하며 기뻐한다. | 301 |

| 삶은 괴로움이다. 그러니 방황하지 말고 너무 괴로워도 하지 말라. | 이 세상을 등지고 출가하여 수행자가 되는 것도 힘들고,
그 수행자의 삶 속에서 즐거움을 얻기도 어렵다.
이 세상에 묻혀 사는 세속 생활도 어렵고,
마음에 맞지 않는 사람들과 함께 살아야 하는 것도 어렵다.
그렇다고 나그네가 되어 무엇을 찾아나서도 괴로움을 만난다.
그러므로 나그네가 되어 방황하지도 말고,
삶은 원래 괴로운 것이니 너무 괴로워하지도 말라. | 302 |

| 부정한 방법이 아니라 신뢰와 덕을 지니면서 명성이 나고 부자가 되는 것은 떳떳하고 보람된 일일 것이다. | 신뢰와 덕을 지니면서
명성과 번영을 누리는 사람은
어느 곳에서나
존경을 받는다. | 303 |

훌륭한 사람들은 히말라야처럼
멀리서도 빛난다.
간사한 사람은 밤에 쏜 화살처럼
가까이에서도 보이지 않는다.

304   어진 사람은 멀리서도 빛이 나지만, 사악한 사람은 가까이에서도 알아보기 힘들다.

홀로 앉고 홀로 자고
지치지 말고 홀로 행동하라.
홀로 자신을 억제하고
욕망의 소멸에서 기쁨을 찾으라.

305   혼자가 된다고 두려워 말라. 욕망이 소멸하면, 모두가 친구다. 달빛도, 길가에 돌멩이도, 꽃잎도, 강아지도, 옆집의 할머니도 할아버지도 모두가 친구다.

제22장 지옥
— 지옥품(地獄品)

거짓말을 밥 먹듯 하는 사람이나 하고서도 하지 않았다고 거짓말하는 이 두 부류의 사람은 지옥에 떨어져서도 거짓말을 한다. 이것이 습관이다.

거짓말을 하는 자는 지옥에 떨어진다. 306
어떤 행동을 하고서도 "나는 그런 짓을 하지 않았다"고
시치미를 잡아떼는 자도 지옥에 떨어진다.
이 두 사람은 죽은 후
저 세상에서도 똑같은 짓을 한다.

승복을 입고도 성질을 부리고 경솔하게 행동하는 사람들은 수행자가 된 자신의 행운을 스스로 저버린다.

승복을 입고서도 307
성품이 나쁘고 자제력이 없는 사람들이 많다.
이런 사람은 자신의 악행으로
지옥에 떨어진다.

진리에 대한 열정도 없고 308 수행자 행세만 한
종교적인 삶도 아니고 절제력도 없다면   다면, 공양을 받거
남이 바치는 것을 받아쓰기를 즐기기보다는   나 남이 바치는 것
차라리 불에 달궈진 쇳덩이를 삼키는 게 낫다. 을 받아 쓸 자격이
                                            없다고 경고하고
                                            있다.

방탕하여 남의 아내를 유혹하는 자는 309 남의 아내를 빼앗
다음 네 가지가 따른다.   는 자는 업을 짓고
첫째, 화를 불러들이고   복을 잃게 되어 화
둘째, 편히 자지 못하고   를 불러들인다.
셋째, 비난을 받고
넷째, 지옥에 떨어진다.

스스로 화를 불러들일 뿐 아니라 지옥에 떨어지고 310 쾌락은 잠시고, 죄
짧은 쾌락에 비해 두려움으로 늘 조마조마하고   는 오래 간다.
나라에서도 무거운 벌을 내린다.
그러니 남의 아내와 가까이 하지 말라.

억새풀로도 손을 베듯 금욕을 아차 한 번 잘 못하면 지옥에 떨어진다.	풀잎의 날을 잘못 만지면 손을 베듯이 수행자가 그릇된 짓을 아차 하는 순간 지옥에 떨어진다.	311
억지로 계율을 따르고 수도하는 사람은 그 결과가 눈에 보듯 뻔하다. 수행자가 된 것은 큰 행운이고 인연이고 그 보상 또한 크다. 소홀히 하지 말라.	행동을 함부로 하고 맹세를 더럽히고 마지못해 수도하는 사람은 열매를 맺지 못한다.	312
출가하여 게으르면 도리어 다른 수행자들에게 방해가 될 뿐이다. 훌륭한 도반을 가까이 두고 부지런히 힘써 닦아 큰 뜻을 이루라.	해야 할 일이 있다면 씩씩하게 선뜻 나서서 부지런히 힘쓰라. 집 떠나서도 게으르면 도리어 더러운 먼지를 뿌리게 된다.	313

해서는 안 될 일은 하지 않는 게 좋다.
악행은 뒤에 가서 뉘우친다.
해야 할 선행은 하는 게 좋다.
선행은 나중에도 후회가 없다.

314　해야 할 일은 하고, 하지 말아야 할 일은 하지 말라. 그것이 최선의 선택이고 나중에 후회할 일이 없다.

변방에 있는 성을 안팎으로 잘 지키듯이
한 순간도 놓치지 말고 자신을 잘 지키라.
한 번 놓치게 되면
지옥에 떨어져 괴로워하리라.

315　한 순간도 방심하지 말라. 마음은 불꽃처럼 튄다. 혹 하기도 하고, 욕심을 내기도 한다.

부끄러워하지 않을 것을 부끄러워하고,
부끄러운 짓을 부끄러워하지 않는
그릇된 생각을 가진 사람들은
지옥에 떨어진다.

316　이 세상에는 부끄러운 짓을 하고도 부끄러운지 모르고, 수치스러운 짓을 하고도 수치스러운지 모르는 사람들이 너무도 많다.

이 세상에는 잘못을 저지르고도 두려워하지도 않는 사람들이 너무도 많다.	두려울 것이 없는데 두려워하고 두려울 것이 있는데도 두려워하지 않는 그릇된 생각을 가진 자들은 지옥에 떨어진다.	317
이 세상에는 죄를 짓고도 죄를 지은 지 모르고, 죄 없는 자는 있다 하고, 죄 있는 자는 없다고 하는 자들이 너무도 많다.	죄가 없는데 죄가 있다고 생각하고 죄가 있는데 죄가 없다고 생각하는 그릇된 견해를 가진 자들은 지옥에 떨어진다.	318
이 세상에 몇 안 되는 사람만이 저울처럼 균형을 잡고 산다.	죄를 죄로 알고 죄 아닌 것을 죄 아니라고 아는 바른 생각을 가진 사람들은 좋은 곳에 간다.	319

제23장 코끼리[1]
— 상유품(象喩品)

전쟁터에서 화살을 맞고도
참고 견디는 코끼리처럼
나도 비난을 견디리라.
사람들 중에는 질이 안 좋은 무리도 있으니까.

320 — 여기서 말하는 '질이 안 좋은 무리'는 '품성이 좋지 않은 사람ill natured'들을 말한다. 나쁜 사람들의 비난은 남을 헐뜯기 위한 것이기 때문이다.

오직 길들인 코끼리만을 싸움터로 끌고 가고
왕도 길들인 코끼리를 타고 전쟁터로 나아가나니
비난을 참고 견디는 데 단련된 이는
사람 가운데서 가장 뛰어난 사람이다.

321 — 비난을 참고 견딘다는 게 어디 쉬운 일이겠는가? 단련되지 않은 평범한 사람으로서는 하기 힘든 일이다.

가장 좋은 것은 자신을 길들이는 것이다. 이것이 가장 훌륭한 일이다.	길들인 당나귀도 좋다. 인더스 산지産地의 명마도 좋다. 전쟁용 큰 코끼리도 좋다. 그러나 자신을 다루는 사람은 더욱 좋다.[2]	322
당나귀, 말, 코끼리 등 이 세 동물이 아무리 훌륭하다고 해도 이들을 타고 니르바나에 이를 수는 없다.	당나귀나 말이나 코끼리로도 사람이 가지 못한 곳 갈 수 없나니, 오직 잘 길들여진 자기를 탄 사람만이 그 미답未踏의 땅, 열반에 갈 수 있으리라.	323
동물은 발정기가 되면 오로지 짝짓기에 몰두하게 된다. 그러니 이것을 의지해서는 더더욱 열반에 이를 수는 없다.	'재산을 지키는 자'로 불리는 코끼리는 발정기가 되면 관자놀이에서 독한 진액을 분비한다. 사나워 다루기가 아주 힘들고 잡혀도 전혀 먹이를 먹지 않는다. 그는 오로지 숲속만을 생각하기 때문이다.[3]	324

빈둥거리면서 먹기만 하고
잠만 자는 어리석은 자는
사육하여 키운 살찐 돼지와 같아
몇 번이고 태안에 드나들며 윤회하리라.

325   "돼지가 되어 즐거워하기보다는 사람이 되어 슬퍼하리라." -소크라테스

지금껏 이 마음은 제 좋아하는 대로 제 원하는 대로
쾌락을 따라 헤매었다.
그러나 이제는 나도 이 마음 다잡으리라.
갈고리를 쥐고 올라타 발정난 코끼리를 다루듯 하리라.

326   예전에는 제 좋아하는 대로 원하는 대로 기분 나는 대로 살았다면, 이제라도 마음을 다잡고 마음을 추스르도록 하라. 그리고 지금부터 다시 시작하라. 삶은 바꿀 수 있다.

방종하지 말고,
마음을 가다듬어라.
진흙탕에 빠진 코끼리 같은 네 자신을
악의 길에서 벗어나게 하라.

327   늪에 빠져 허우적거리는 코끼리처럼 되지 말고, 네 마음을 잘 지켜 샛길로 새지 말게 하라.

좋은 친구를 만나는 것도 인생에 있어서 큰 행운이다.	선하고 바른 삶으로 이끄는 생각이 깊고 총명하고 성실한 친구를 만났거든 그와 함께 기꺼이 벗하여 가라. 어떤 위험이 닥치더라도 헤쳐 나가리라.	328
무소의 뿔처럼 혼자서 가라. 생각이 얕은 사람을 벗하는 것은 매우 위험한 일이다.	선하고 바른 삶으로 이끄는 생각이 깊고 총명하고 성실한 친구를 못 만났거든 정복한 나라도 헌신짝 버리듯 하는 왕처럼, 숲속을 홀로 다니는 코끼리처럼 혼자서 가라.	329
어리석은 무리들과 어울려 죄를 짓는 것보다 차라리 홀로 걸어가라.	홀로 살아감은 뛰어난 것, 어리석은 자와 벗하지 말라. 죄를 짓지 말라. 숲속의 코끼리처럼 욕심 없이 혼자서 가라.	330

일이 생겼을 때 도움 줄 벗이 있음은 행복하고, 331   필요할 때 친구가 있음은 즐거운 일이고, 만족할 줄 아는 것도, 선행을 하며 사는 것도 즐거운 일이다.
어떤 경우에도 만족은 행복하다.
착하게 살면 죽는 순간에도 행복하고,
온갖 괴로움에서 벗어나는 것은 더욱 행복하다.

이 세상에서 어머니가 계심은 행복하고, 332   이 세상에 수행자나 성인은 스승이고 삶의 나침반 같은 존재이다. 법의 수레바퀴가 굴러가는 것도 이들이 있기 때문이다.
아버지가 계심도 행복하다.
이 세상에 수행자가 계심도 행복하고,
성인이 계심도 행복하다.

늙을 때까지 덕행이 계속됨은 즐겁고, 333   늙을 때까지가 아니라 늙어서라도 덕을 지니고, 지혜를 얻는 것도 더 없이 기쁜 일이다.
믿음이 뿌리 깊게 꿋꿋이 서 있음도 즐겁고,
밝은 지혜를 얻음도 즐겁고,
온갖 죄에서 벗어남도 즐겁다.

제24장 욕망[1]
— 애욕(愛欲品)

방탕한 자는 욕망을 찾아 이 세상에서 저 세상으로 끝없이 윤회를 거듭한다.	방종한 자의 욕망은 칡넝쿨처럼 자란다. 숲속에서 열매를 찾아다니는 원숭이처럼 이생에서 저생으로 끝없이 헤맨다.	334
삼독三毒으로 가득 찬 이 세상에 집착하는 사람은 근심 걱정이 우후죽순처럼 자란다. 당연한 결과이다.	이 괴로운 세상에 대한 집착과 불타는 욕망에 정복된 사람은 근심걱정이 쉬지 않고 자란다. 비 온 뒤 무성히 자란 '비라나birana'풀처럼.	335

이 괴로운 세상에 대한 집착과
불타는 욕망을 억제한 사람은
온갖 근심걱정이 말끔히 사라진다.
물방울이 연잎에서 굴러 떨어지듯이.

336   정복하기 어려운 이 욕망을 능히 정복한 사람에게 근심걱정이 있을 리 없다.

여기 모인 그대들에게 말한다.
"모두에게 행운이 있기를!
우시라usira 뿌리를 찾는 사람이
비라나birana풀을 캐내듯이
욕망의 뿌리를 뽑아버려라.
그리하여 갈대가 거센 물살에 꺾이듯
악마에게 꺾이지 않도록 하라."[2]

337   욕망의 뿌리를 뽑아버려라. 욕망을 뿌리 채 뽑아버려라.

나무가 잘려도 뿌리가 깊고 상하지 않으면
다시 자라나듯
욕망을 뿌리 뽑지 않으면
생사의 고통은 끝없이 되풀이된다.

338   나무를 잘라도 뿌리가 상하지 않으면 새싹이 돋아난다. 욕망을 뿌리 채 뽑지 않으면, 이 고통의 삶은 자꾸만 되풀이된다.

| 서른여섯 개의 물살에 휩쓸리지 말라. 그 안에 섬을 쌓아라. | 감각의 쾌락으로 치달리는 | 339 |

'서른여섯 개의 물줄기'가 거세고,

또 그 마음이 애욕에 물들어 있는 사람은,

물결은 이와 같이 잘못된 길을 걷는 사람을 휩쓸어 간다.³⁾

| 욕망의 덩굴이 자랄 때마다, 기억하라. 욕망을 뿌리째 뽑아 버려라. | 욕망의 물줄기가 사방으로 흐르듯 | 340 |

쾌락의 넝쿨은 이리저리 뻗어만 간다.

넝쿨이 뻗어가는 줄 안다면

지혜의 칼로 그 뿌리를 잘라버려라.

| 인간은 쾌락의 유혹을 물리치지 못하고 여기 기웃 저기 기웃하며 쉽게 빠진다. 기억하라, 죽음의 길이다. | 인간은 쾌락과 애욕에 | 341 |

쉽게 젖는다.

쾌락에 빠지면서 또 다른 쾌락을 구한다.

이 같은 사람들은 삶과 노사老死를 받는다.

욕망에 사로잡힌 사람들은 342 덫에 걸린 토끼의
덫에 걸린 토끼처럼 몸부림친다. 고통이 얼마나 심
속박과 집착에 얽매여 하겠는가? 우리는
오랫동안 이 괴로움을 되풀이한다. 이를 잊고 매번 이
삶의 고통을 윤회
하며 되풀이하고
있다.

욕망에 사로잡힌 사람들은 343 수행자는 욕망을
덫에 걸린 토끼처럼 몸부림친다. 정복하기 위함이
그러니 수행자여, 자신의 바람대로 지, 욕망에 정복당
욕망을 털어버려라. 하고자 함이 아니
다.

욕망의 숲에서 나와서 다시 욕망의 숲에 344 욕망의 숲은 이 괴
마음을 기울이고, 욕망의 숲에서 벗어나서 로움의 세상을 말
다시 욕망의 숲으로 달려가는 사람을 보라. 한다. 이는 감옥에
그는 겨우 속박에서 벗어났다가 다시 속박으로 달려간다.[4] 서 해방되었다가
다시 감옥으로 되
돌아가는 것과 같
다.

욕망과 재물에 대한 탐심과 자식과 아내에 대한 애착이야말로 가장 질기고 강한 족쇄다. 이렇게 현자들은 말한다. 여기서 풀은 '바빠자babbaja' 풀을 말한다.	지혜로운 이는 쇠나 나무나 풀로 만든 사슬이 강하다고 하지 않는다. 보석으로 만든 귀걸이나 팔찌, 자식과 아내에 대한 집착이 강하다고 한다.	345
현명한 이는 이렇게 말한다. 세상의 달콤함에 한번 얽혀들게 되면 그 족쇄에서 벗어나기 아주 어렵다.	지혜로운 이는 무겁고 풀기 힘든 그런 속박을 강하다고 한다. 이런 사슬을 끊고 나서 세상에 미련이 없는 사람들은 감각적 쾌락이나 욕망을 버리고 수행자의 삶의 길을 간다.	346
거미가 스스로 만든 거미줄을 벗어나지 못하듯이 사람들은 무지의 거미줄에 얽혀 벗어나지 못한다.	거미가 자신이 뽑아 만든 거미줄을 따라가듯이 애욕의 노예가 된 자는 욕망의 흐름을 따라간다. 그러나 지혜로운 이는 탐욕과 집착을 끊고 근심걱정을 뒤로 한 채 온갖 고뇌도 떨쳐버리고 미련 없이 떠나간다.	347

앞과 뒤를 버리고 중간도 버리라. 348 여기서 말하는 앞
생사의 저 언덕에 이른 사람은 은 '미래', 뒤는 '과
모든 것에서 마음이 완전히 벗어났으니, 거', 중간은 '현재'
다시는 삶과 노사老死의 업보를 받지 않으리라. 를 말한다. 이 모두
 를 버리면 이제 더
 이상 이 세상에 태
 어나지 않는다.

미혹하여 마음이 어지럽고 끈질긴 집착으로 349 실타래가 얽히고설
강한 애착과 쾌락을 즐겨 일삼는 사람은 키듯 집착할수록
갈수록 집착이 자라나 욕망은 더더욱 증
속박이 더욱 강해진다. 가하게 되고, 이에
 따라 그 구속력도
 더하게 된다.

의혹을 끊어버림을 기뻐하고 350 의심하지 말고, 모
부정한 것을 부정하게 보고 쾌락이 아닌 곳에 살며 든 집착과 애착과
항상 깊이 생각하는 사람은 쾌락을 내려놓으
악의 속박과 함께 죽음의 굴레를 끊게 될 것이다. 라. 그리하면 영원
 히 산다.

생사의 가시를 뽑아버린 사람, 생사의 화살을 꺾어버린 사람은 이미 해탈의 목표를 이룬 것이다.	깨달음에 이르렀고, 두려움도 없고 욕망도 죄도 없는 사람은 이미 생사의 가시를 뽑아버렸다. 이것이 마지막 몸이다.[5]	351

그를 가리켜 대지자 大智者라고 부른다.	욕망을 떠나 집착도 없고 경전의 말씀과 그 뜻을 꿰뚫어 전후 맥락을 알고 있으면 그를 대지자(위대한 성인) 또는 뛰어난 인물이라 부른다. 그는 이것이 마지막 몸이다.	352

욕망으로부터 해방되는 것은 스스로 길을 찾아야 한다. 스승이라 하더라도 다만 그 방법만 일러줄 수 있을 뿐이다.	나는 모든 것을 정복했고 모든 것을 알았으며 무엇으로도 더럽힐 수 없다. 모든 것을 버렸고 집착도 다해 자유를 얻었다. 스스로 깨달았으니 누구를 스승이라 부르랴!	353

진리를 베푸는 것이 최고의 선물이고 354 진리를 베푸는 것이 최고의 베풂이고 가장 값 비싼 선물이다. 그 안에 길이 있기 때문이다.
진리의 맛은 맛 중의 맛이고,
진리의 기쁨은 기쁨 중의 기쁨이고
욕망의 소멸은 모든 괴로움을 이기는 승리이다.

부는 어리석은 자를 멸망케 하지만, 355 지혜롭지 못한 자가 재물에 집착하고 욕심내면, 그로 인해 자신을 파멸시키고 동시에 다른 사람까지 파멸시킨다.
생사의 저 언덕으로 가려는 사람을 멸망케 할 수는 없다.
어리석은 자가 부리는 부에 대한 욕망은
남과 함께 스스로를 멸망케 한다.

잡초는 논밭을 망치게 하고 356 탐욕(貪慾, lobha)은 삼독三毒 중의 하나이다.
탐욕은 사람들을 망치게 한다.
탐욕이 없는 이에게 바치는 공양은
큰 보상을 가져온다.

성냄(瞋恚, dosa)도 삼독 중의 하나이다.	잡초는 논밭을 망치게 하고 성냄은 사람들을 망치게 한다. 성냄이 없는 이에게 바치는 공양은 큰 보상을 가져온다.	357
어리석음(愚癡, moha)도 삼독 중의 하나이다.	잡초는 논밭을 망치게 하고 어리석음은 사람들을 망치게 한다. 어리석음이 없는 이에게 바치는 공양은 큰 보상을 가져온다.	358
사람들의 모든 욕망은 무지로부터 비롯된다. 그러니 모든 욕망은 헛된 것이다.	잡초는 논밭을 망치게 하고 욕망은 사람들을 망치게 한다. 욕망이 없는 이에게 바치는 공양은 큰 보상을 가져온다.	359

제25장 수행자1
— 비구품(比丘品)

눈을 자제하는 것은 좋은 일이고
귀를 자제하는 것도 좋은 일이다.
코를 자제하는 것은 좋은 일이고
혀를 자제하는 것도 좋은 일이다.

360 눈, 귀, 코, 혀를 자제하는 것은 좋다. 화가 미치지 않는다.

몸을 자제하는 것도 좋은 일이고,
말을 자제하는 것도 좋은 일이고,
생각을 자제하는 것도 좋은 일이고,
모든 것을 자제하는 것은 좋은 일이다.
모든 것을 자제하는 수행자는 온갖 근심에서 벗어난다.

361 몸身, 말口, 생각意으로 짓는 업을 삼업三業이라 한다.

몸을 삼가고 마음이 어지럽지 않고 내적인 평온에 이르는 것, 그것이 수행하는 이유이기도 하다.	손을 삼가고 발을 삼가고, 말을 삼가고 지극히 삼가고, 안으로 기뻐하고 마음이 안정되고, 홀로 만족할 줄 아는 사람을 수행자라 부른다.	362
겸손하고 사려 깊은 이가 들려주는 진리의 가르침은 가슴에 스며든다.	혀를 조심하고 생각을 깊이 헤아려 말하고 교만하지 않고 인생의 목적과 진리를 밝히는 수행자의 설법은 감미롭고 아름답다.	363
법法에 머물고, 법을 기뻐하고, 법에 따라 명상하고, 법을 따르는 수행자는 바른 법에서 벗어나지 않는다.	진리에 머물고 진리를 기뻐하고 진리에 따라 명상하고 진리를 따르는 수행자는 바른 진리에서 벗어나지 않는다.	364

자기가 얻은 것을 가볍게 여기지 말라.
남을 시기하지도 말라.
남을 시기하는 수행자는
마음의 안정을 얻지 못한다.

365   진리를 터득하는 것은 한 순간일 수도 또 오랜 시간에 걸쳐 이루어지기도 한다. 앞서가는 사람을 시기하고 질투하면 마음이 흐트러지고 괴로울 뿐이다.

비록 적게 얻었더라도
얻은 것을 가볍게 여기지 않는 수행자는
신들도 칭찬한다.
그의 깨끗하고 게으르지 않은 생활을 보고서.

366   여기서 '얻음'이란 깨달음의 정도를 의미한다. 시주나 공양물 같은 물질적인 것만을 의미하는 것이 아니다.

몸과 마음이 내 것이란 생각 없고
가진 것이 없다고
걱정하지 않는 사람
그를 진정한 수행자라 부른다.

367   여기서 몸과 마음은 명색(名色 : namarupa, 이름과 형태)을 말한다.

수행자의 최고의 축복은 대자유에 이르는 것이다. 그리하여 다시 몸을 받지 않는 것이다.	조용히 자비로운 생활을 하고 부처의 가르침을 믿는 수행자는 평안을 얻고 윤회가 멎어 축복받은 대자유에 이르러 편히 쉬게 되리라.	368
물을 퍼내면 배가 가벼워 속력이 빨라지듯이 탐욕과 성냄을 텅 비우면 이윽고 대자유의 언덕에 닿게 된다.	수행자여, 배 안에 고인 물을 퍼내라. 배가 가볍게 나아갈 것이다. 이와 같이 탐욕과 성냄을 덜어버리면 저 언덕 대자유에 이르리라.	369
다섯 가지 집착에서 벗어나 다섯 가지 집착을 뛰어넘은 자는 삶과 죽음의 거센 물결을 건너간 사람이다.	다섯 가지 집착을 끊고, 다섯 가지 집착을 제거하고 또다시 다섯 가지 집착을 극복하라. 이와 같이 다섯 가지 집착을 초월한 수행자는 '격류를 건너 간 자'라 다시 태어나지 않는다.[1]	370

수행자들이여, 명상하라, 방종하지 말라.   371
마음을 감각적 욕망에 두지 말라.
방탕하여 지옥에 떨어져 뜨거운 쇳덩이를 삼키는 일 없도록 하라.
지옥불에 타면서 "아 괴롭다"고 고함치는 일 없도록 하라.

> 지옥에 떨어져 뜨거운 쇳덩이를 삼키고, 불에 타는 고통은 우리가 상상할 수 없으리라. 이것이 지옥의 모습이다.

지혜가 없는 자에게는 깊은 명상이 없고   372
깊은 명상이 없는 자에게는 지혜 또한 없다.
지혜와 깊은 명상을 모두 갖춘 사람은
절대 자유에 가까이 있다.

> 지눌知訥의 정혜쌍수定慧雙修라는 말처럼 참선과 지혜는 함께 가는 것이다. 앞 구절(282)을 참고하라.

사람이 없는 빈 방에 들어가   373
마음을 고요히 가라앉히고
바른 진리를 꿰뚫어 보는 수행자는
인간을 초월한 기쁨을 누린다.[2)]

> 빈 집에 홀로 앉아 방문을 활짝 열어놓고 먼 산을 바라보는 것도 큰 즐거움이다. 밤이 되면, 하늘을 바라보는 것도 즐거움이다. 넓은 하늘이 달 하나만으로도 부족함이 없어라.

이 몸을 이루는 여러 요소가 거짓인 줄 알고 이 몸의 생멸을 파악하면, 지자는 영원한 기쁨과 행복을 얻는다.	이 몸의 구성요소의 생멸生滅을 이해하고 깨달은 자는 생사를 초월하고 영원한 기쁨과 행복을 누리게 된다.[3]	374
수행자의 생활에 들어선 사람이 처음에 해야 할 일들이다.	지혜로운 수행자가 처음 해야 할 일은 감각을 억제하고 만족할 줄 알고 계를 지켜 절제하고 고상하고 맑고 부지런한 친구와 사귀는 일이다.	375
항상 친절하게 미소를 띠며 해야 할 일을 하면 수행자에 들어선 사람에게 어려움이 없다.	그리고 항상 친절하라. 우정을 나누고 바르게 행실을 하라. 해야 할 맡은 일을 다하라. 그러면 기쁨이 넘치고 괴로움을 멎게 하리라.	376

바씨카 나무가
시든 꽃잎을 떨어뜨리듯이
수행자여, 탐욕과 성냄을
털어버려라.

377 바씨카vassika 나무나, 단풍나무에서 낙엽이 떨어지듯이 애착도 증오도 털어버려라.

행동이 진지하고 말씨가 조용하며
마음이 안정되고
세상의 유혹에 흔들리지 않는 수행자를
'고요한 사람'이라 부른다.

378 몸(身 : 행동), 말(口 : 말씨), 생각(意 : 마음)이 안정된 수행자를 '고요한 사람'이라 부른다.

스스로 자신을 일깨우라.
스스로 자신을 되돌아 살펴보라.
이와 같이 자신을 지키고 반성하면
그대는 평안하게 살게 되리라.

379 스스로 자신을 깨우치고 자신을 되돌아보고 성찰하면서 자신을 고쳐나가라. 그러다보면 어제의 내가 아니다.

부처는 "너 자신을 의지처로 삼으라"고 말한 바 있다. 내 자신의 주인은 나고, 내가 의지할 곳도 나다. 그러니 나 스스로 내 자신이 좋은 사람이 되도록 노력해야 한다.

자기야말로 자신의 주인이고 380
자기야말로 자신의 의지처다.
그러므로 말 장수가 좋은 말을 아끼듯이
자기 자신을 잘 다루어라.

'절대 평화의 경지'란 '자연적 생존이 정지된 평화로운 상태'를 말한다.

부처의 가르침을 믿고 381
평화롭고 기쁨에 차 있는 수행자는
생사 윤회가 멎은
절대 평화의 경지에 이를 것이다.

나이와 상관없이 부처의 가르침에 전념하는 수행자는 깨달음을 얻는다. 그리고 그가 스승이다.

비록 나이 어리고 젊더라도 382
부처의 가르침에 전념하는 수행자는
이 세상을 밝게 비추리라.
마치 구름을 벗어난 달처럼.

제26장 수행자 2
— 바라문품(婆羅門品)

수행자들이여, 단호하게 욕망의 흐름을 끊으라.
그리하여 모든 욕망을 버려라.
모든 지어진 것은 다 사라진다는 것을 알면,
사라짐이 없는 대자유의 경지 또한 알게 될 것이다.

383　모든 지어진 것이 다 멸함을 안다면, 지어지지 않는 것은 멸하지 않음도 알게 된다.

수행자가 두 가지 법으로
생의 저쪽 언덕에 이르게 되면
이 지혜로운 자는
온갖 속박에서 벗어난다.

384　여기 '두 가지 법 法'이란 하나는 '자기억제 self-restraint'이고, 또 하나는 명상을 통해 얻은 '통찰력 insight'을 말한다.

| '오고 감'도 없고, '유와 무, 태어남과 죽음, 같다와 다르다, 존재한다와 존재하지 않는다'와 같은 이분법적 사고를 벗어나 중도를 걷는 사람은 그 어디에도 매달리지 않는다.

건너야 할 저쪽 언덕彼岸도 없고, 385
떠나야 할 이쪽 언덕此岸도 없고, 이쪽 저쪽 두 언덕도 없어
두려움과 속박에서 벗어난 사람을
일컬어 나는 수행자라 부른다.

명상은 마음에 녹이 스는 것을 닦아내는 일이다. 명상을 하지 않으면 마음이 녹슨다.

깊은 명상으로 마음이 안정되어 갈등이 없고, 386
할 일을 다 해 번뇌가 없고,
최고의 목표에 도달한 사람을
나는 수행자라 부른다.

부처는 어둠을 비추는 꺼지지 않는 등불과 같다. 우리는 어둠을 밝게 비추는 지혜의 등불을 찾아 나서고 있다.

태양은 한낮에 빛나고, 387
달은 한밤에 빛나며,
장수는 갑옷에서 빛나고,
수행자는 명상에서 빛난다.
그러나 부처는 자비스런 광명으로
낮에도 빛나고 밤에도 빛나고 항상 빛난다.

악에서 벗어났기 때문에 바라문이라 하고, 388
행함이 고요하기 때문에 사문이라 하며,
자신의 때를 씻어 버렸기 때문에
출가자라 한다.

> 여기서 말하는 바라문(婆羅門 : Brahmin), 사문(沙門 : samana), 출가자(出家者 : pabbajita)를 일컬어 수행자라 한다.

수행자를 때리지 말라. 389
수행자는 맞아도 앙갚음하지 말라.
수행자를 때리면 재앙이 따른다.
그러나 맞고서 성을 내는 수행자에게는 이것이 더 큰 재앙이다.

> 수행자를 박해하지 말라. 화가 미치리라. 그러나 수행자는 이것을 갚지 말라. 이것이 맞는 것보다 더 큰 재앙이다.

수행자가 인생의 쾌락으로부터 마음을 누른다면 390
큰 이로움이 있다.
남을 해치려는 마음이 멎으면
괴로움도 멎는다.

> 자신을 위한 쾌락과 남을 해롭게 하는 마음을 억제하라. 그리하면 고뇌하는 마음도 없다.

몸(身 : 행동), 말口과 생각意으로 업을 짓지 말라. 계속해서 반복되는 말이다.

몸과 말과 생각으로 391
상처를 주지 않고
이 셋을 잘 억제하는 사람을
나는 수행자라 부른다.

부처는 '완전하고 바르게 깨달은 분the Fully Well-Awakened One'이다.

완전하고 바르게 깨달은 분께서 말씀한 가르침을 392
어떤 사람에게서 배웠든지 이해한 사람을
겸손히 받들어라.
수행자가 제사 때 불火을 공경하듯이.

가문의 혈통과 그 출신 성분, 즉 카스트 계급에 의해서 수행자가 되는 것이 아니다.

머리의 꾸밈새나 가문이나 태생에 의해 393
수행자가 되는 것은 아니다.
진리와 진실을 따르는 자, 그가 수행자이고,
그는 축복 받은 이다.

어리석은 자여, 머리의 꾸밈새가 무슨 소용이며, 394 속은 간지(奸智 : 간
염소 가죽옷이 무엇이란 말인가. 사한 지혜)에 차 있
속은 사악함이 가득 차 있으면서 으면서 겉만 번드
마음은 닦지 않고 겉만 깨끗이 할 뿐이다. 레하다고 수행자가
되는 것은 아니다.

다 해진 누더기를 입고, 395 수행자는 마음을
몹시 야위어서 힘줄이 드러나 있고, 닦는 사람이다.
홀로 숲속에서 깊은 명상에 잠겨 마음을 닦는 자를
나는 수행자라 부른다.

바라문 집안의 어머니에게서 태어난 자를 396 여기서 보바디bho-
나는 수행자라 부르지 않는다. vadi는 바라문을 책
그가 소유물에 얽매여 있으면, 망하고 나무라는
그는 차라리 '보바디'라고 불러야 한다. 뜻을 담아 부를 때,
소유와 집착에서 벗어난 사람을 바라문을 이렇게
나는 수행자라 부른다. 부른다.

속박과 두려움과 집착에서 벗어나라.

모든 속박을 끊어버리고,
두려움 없이 집착을 버리고,
더러운 때를 맑게 씻어버린 사람을
나는 수행자라 부른다.

397

여기서 '끈과 밧줄과 쇠사슬'은 속세의 인연들이고, '장애물'은 근본적인 무지를 뜻한다. 수행자는 자기 자신을 묶고 있는 이런 모든 인연의 줄을 끊어 버린 사람이다.

끈과 밧줄과 쇠사슬과
이에 딸린 것들을 모두 끊어버리고,
장애물을 없애고 깨달은 이를
나는 수행자라 부른다.

398

모욕과 멸시를 받아도 참아내고, 혹여 감옥에 가는 박해를 받더라도 의연하게 이겨내며 제 길을 가라.

모욕과 학대와 투옥에도
성내지 않고 참고 견디는 사람,
인내력이라는 강한 의지를 지닌 사람,
나는 그를 수행자라 부른다.

399

노여워하지 않고, 종교적 의무를 다하고,　　　　　400　　탄생과 죽음의 악
도덕적 규율을 지키고, 맑고 순수하고, 감각을 자제하며,　　　순환의 고리를 끊
이 생의 몸이 마지막 몸인 사람을　　　　　　　　　　　　어버려라.
나는 수행자라 부른다.

물방울이 연잎을 적시지 못하고　　　　　　　　　401　　수행자는 어떤 욕
바늘 끝의 겨자씨가 머물지 못하듯　　　　　　　　　　　망에도 매이지 않
욕망에 얽매이지 않는 사람을　　　　　　　　　　　　　는 사람이다.
나는 수행자라 부른다.

이미 이 세상에서　　　　　　　　　　　　　　　402　　이 세상에서 자신의
생사의 괴로움이 끝났음을 알고,　　　　　　　　　　　　생사의 고통이 다
무거운 짐을 내려놓고 초연한 사람을　　　　　　　　　　끝난 줄 아는 사람
나는 수행자라 부른다.　　　　　　　　　　　　　　　　은 욕망도 번뇌도
　　　　　　　　　　　　　　　　　　　　　　　　　　없다. 이렇듯 무거
　　　　　　　　　　　　　　　　　　　　　　　　　　운 짐을 벗어놓고
　　　　　　　　　　　　　　　　　　　　　　　　　　초연해지는 사람을
　　　　　　　　　　　　　　　　　　　　　　　　　　수행자라 한다.

바른 길을 가고 바른 진리를 분별하여 최고의 목표에 이르라.	지혜가 깊고, 지식이 있고 바른 길과 그른 길을 분별하고, 위없는 목표에 도달한 사람을 나는 수행자라 부른다.	403
진정한 수행자가 되기 위해서는 약간의 고독을 감수해야 한다. 안주하지 않고 바람같이 홀로 다니며 수행하는 사람을 수행자라 한다.	집에 있는 이든 출가한 이든 그 누구하고도 가까이 사귀지 않고, 한 곳에 오래 머물지 않고, 욕심내지 않는 사람을 나는 수행자라 부른다.	404
몸으로 짓는 업 가운데 "살생하지 마라"이다. 자비심이 있는 사람은 약한 것이건 강한 것이건 살아있는 생명체를 해치지 않고, 나무나 꽃 하나도 함부로 하지 않는다.	움직이는 것이건 움직이지 않는 것이건 어떤 생명체에도 폭력을 쓰지 않고, 죽이거나 죽게 하지 않는 사람을 나는 수행자라 부른다.	405

미움을 가진 무리 속에 있으면서도 미움이 없고, 406
난폭한 무리 속에 있으면서도 난폭하지 않고 온화하고,
집착하는 무리 속에 있으면서도 집착하지 않는 사람,
나는 그를 수행자라 부른다.

> 언제 어디서나 어떤 상황에서도 미움이나 폭력이나 집착하지 않는 사람을 수행자라 한다. 다만 위험에 처한 사람을 구하기 위해서 등 불가피한 경우는 있게 마련이다.

탐욕과 성냄과 407
자만과 위선이
바늘 끝의 겨자씨처럼 떨어져 나간 사람을
나는 수행자라 부른다.

> 탐욕과 성냄과 어리석음(자만과 위선)은 마음으로 짓는 업이다. 온갖 나쁜 마음을 툭 떨어뜨려 버려라.

거칠거나 속되지 않고, 408
진실을 말하고, 이해하게 말하고,
말로써 사람의 감정을 상하게 하지 않는 사람을
나는 수행자라 부른다.

> 이는 입으로 짓는 업이다. 말이 진실하고 공손하여 다른 사람의 마음을 다치게 하지 마라.

다른 사람의 것을 훔치지 말고, 주지 않은 것을 탐하지 말라.	이 세상에서 길건 짧건, 작건 크건 좋건 나쁘건, 주지 않는 것은 갖지 않는 사람을 나는 수행자라 부른다.	409
이 세상과 저 세상에 대한 모든 욕망으로부터 벗어난 사람을 수행자라 한다. 아무것도 바라는 것이 없으니, 사로잡히지도 않는다.	이 세상이나 저 세상에서 바라는 것 없고 기대하는 것도 없고, 사로잡히지도 않는 사람을 나는 수행자라 부른다.	410
의심의 안개가 말끔히 걷혀 모든 욕망과 집착에서 벗어난 사람을 수행자라 한다.	아무런 욕망도 없고, 다 깨달아 의혹이 없고, 죽음 없는 깊은 경지에 이른 사람을 나는 수행자라 부른다.	411

이 세상에서 선악에 대한 집착을 다 놓아버려, 412
그 어느 것에도 집착이 없어
근심과 욕심과 더러움에서 벗어나 맑아진 사람을
나는 수행자라 부른다.

이 세상의 모든 견해를 넘어서고, 집착과 더러움에서 벗어난 사람을 수행자라 한다.

달처럼 깨끗하고, 고요하고 잔잔하며, 413
그 움직임이 걸림이 없고, 움직여도 그대로 있는 듯
쾌락이 일어나지 않게 된 사람을
나는 수행자라 부른다.[1]

그 누구도 건드리지 못하는 달처럼 자신을 맑고 깨끗하게 지키라.

험하고 힘든 길 윤회와 미혹을 넘어 414
저 언덕에 이르러,
마음이 안정되고
욕심이 없고 의혹도 없고 집착도 없고
마음이 지극히 평온한 사람을
나는 수행자라 부른다.

이 험난한 윤회의 길과 미망迷妄의 길을 건너 피안에 이르려는 사람을 수행자라 한다.

무소유는 불필요한 것을 다 버리는 것이다. 먹을 것 입을 것 몇 가지를 빼고는 생존에 대한 다른 욕망은 모두 끊어버린 사람을 수행자라 한다.	이 세상의 욕망을 모두 끊어버리고, 미련 없이 집 떠나 수행을 하며, 욕망의 생활을 청산한 사람을 나는 수행자라 부른다.	415
사실 생존을 위해 집착해야 할 것이 무엇이 그리 있으랴?	이 세상의 집착을 모두 끊어버리고, 미련 없이 집 떠나 수행을 하며, 집착의 생활을 청산한 사람을 나는 수행자라 부른다.	416
이 세상의 집착으로부터도 벗어나고, 천상에 대한 집착으로부터도 벗어나라. 그리하면 깨닫는다.	인간 세상의 모든 집착을 이미 끊고, 천상에의 집착마저 넘어서고, 온갖 집착에서 벗어난 사람을 나는 수행자라 부른다.[2]	417

기쁜 일 괴로운 일 다 버리고
늘 깨어 있어 다시 태어날 업을 짓지 않고
이 세상의 모든 것을 이긴 사람을
나는 수행자라 부른다.

418   다시 태어날 어떤 씨앗도 뿌리지 마라.

중생의 삶과 죽음을 다 알고,
집착하지 않고 바르게 살며,
깨달은 사람을
나는 수행자라 부른다.

419   모든 살아 있는 생명들이 어떻게 생겨나고 사라지는가? 영원히 변치 않는 것이 없다는 무상함을 통찰한 사람을 수행자라 한다.

사람들도 신들도 귀신들도
그의 자취를 알 수 없고 번뇌를 다한
존경받을 만한 성자의 자격을 갖춘 사람을
나는 수행자라 부른다.

420   번뇌가 소멸하고 성인의 반열에 오를만한 사람을 수행자라 한다.

무소유란 꼭 물질적인 것만을 의미하는 것이 아니다. 세상의 견해나 관념이나 생각에 집착하지 않고 다 버려 궁극에는 어떤 견해도 갖지 않는 것이다.

앞에도 뒤에도 중간에도

아무것도 가진 것 없고,

가진 것이 없어 집착도 없는 사람을

나는 수행자라 부른다.3)

421

우직한 황소 같이 열심히 공부하여 깨치라.

황소처럼 씩씩하고 기품있고 늠름하며

큰 현자며 죄 없는 승리자며

우직하게 공부하여 깨달은 사람을

나는 수행자라 부른다.

422

그리고 이 세상에 태어나 할 일을 마친 사람이 되라.

자신의 전생을 알고, 천국과 지옥을 보고,

다시 태어날 일이 없는 지혜의 완성자,

모든 것을 깨닫고 성취해 할 일을 마친 사람,

그를 나는 수행자라 부른다.

423

● 주석 ●

제1장 두 개의 길

1) 팔리어로 'Yamaka'는 '한 쌍 혹은 쌍둥이'의 뜻이다. 이 장은 한 쌍의 대비되는 시구를 모아 놓은 것이다. 이와 같이 한 이유는 이를 통해 부처의 가르침을 선명하게 대비시켜 우리로 하여금 그 두 개의 길 가운데 선택을 할 수 있게 한 것이다. 물론 그 '선택'은 우리 스스로가 하는 것이다.

2) 법구경 가운데 이 구절은 핵심이라 할 수 있다. 이 구절에 대한 약간씩 다른 맛이 나는 다양한 해석을 독자들이 참고할 수 있도록 몇 가지를 소개하면 이렇다.
최초로 영어로 번역한 막스 뮬러Max Muller의 번역은 다음과 같다.

All that we are is the result of what we have thought :
it is founded on our thoughts,
it is made up of our thoughts.
If a man speaks or acts with an evil thought,
pain follows him,
as the wheel follows the foot of the ox that draws the carriage.
모든 것은 마음으로부터 나왔고,
마음은 모든 것의 근본이며,
마음으로부터 모든 것이 이루어진다.

나쁜 마음으로 말과 행동을 하면,
고통이 그를 따른다.
수레바퀴가 소의 발자국을 따르듯.

여기서 말하는 '모든 것'은 법(法 : dharma), 즉 '모든 사물과 현상'을 뜻한다. 사실 이 모든 것은 마음이 만들어 낸 것이다. 우리가 하는 말과 생각과 행동도 마음으로부터 비롯된다.
그리고 이 구절에서의 '마음'이란 감수, 표상, 의지 등 마음의 여러 가지 기능 가운데 하나인 '생각思', 즉 사고 작용을 말한다.
지중해에 있는 스페인의 섬 마조르카Majorca 태생으로 《바가바드 기타Bhagavad Gita》, 《우파니샤드Upanishad》 등을 영어로 번역한 후앙 마스카로Juan Mascaro의 번역은 다음과 같다.

What we are today comes from our thoughts of yesterday,
and our present thoughts build our life of tomorrow :
our life is the creation of our mind.
If a man speaks or acts with an impure mind,
suffering follows him
as the wheel of the cart follows the beast that draws the cart.
오늘은 어제의 생각에서 비롯되었고,
현재의 생각은 내일의 삶을 만들어 간다.
삶은 이 마음이 만들어 내는 것이니,

순수하지 못한 마음으로 말과 행동을 하면
고통이 그를 따른다.
수레바퀴가 수레를 끄는 소를 따르듯.

성 캐서린 대학(St. Catherine's College)에서 문학을 가르치고 있는 토마스 바이롬Thomas Byrom의 번역은 다음과 같다.

we are what we think.
All that we are arises with our thoughts.
With our thoughts we make the world.
Speak or act with an impure mind
And trouble will follow you
As the wheel follows the ox that draws the cart.
우리는 우리가 생각한 대로 된다.
모든 것은 우리의 생각에서 비롯된 것이다.
우리의 생각이 이 세상을 만들어간다.
나쁜 마음으로 말과 행동을 하면,
고통이 그를 따른다.
수레바퀴가 소를 따르듯.

노르웨이 출신으로 미국에서 불교학을 공부한 불교학자 길 프론스달Gil Fronsdal의 번역은 다음과 같다.

All experience is preceded by mind,

Led by mind,

Made by mind.

Speak or act with a corrupted mind,

And suffering follows

As the wagon wheel follows the hoof of the ox.

마음은 모든 것에 앞선다.

모든 것을 이끄는 것도 마음이고

모든 것을 만드는 것도 마음이다.

나쁜 마음으로 말과 행동을 하게 되면,

고통이 따른다.

수레바퀴가 소 발굽을 따르듯이.

인도의 나그푸르Nagpru 대학 영문학 교수를 역임했던 에크낫 이스워런Eknath Easwaran의 번역은 다음과 같다.

Our life is shaped by our mind;

we become what we think.

Suffering follows an evil thought

as the wheels of a cart follow the oxen that draw it.

삶은 마음이 빚어낸 것이다.

우리는 우리가 생각한 대로 된다.

악한 생각에는 고통이 따른다.
수레바퀴가 소를 따르듯이.

인도의 정치가, 철학자이면서 인도의 제2대 대통령(1962~67)을 지냈던 라다크리슈난Radhakrishnan번역은 다음과 같다.

(The mental) natures are the result of what we have thought, are chieftained by our thoughts, are made up of our thoughts. if a man speaks or acts with an evil thoughts, sorrow follows him (as a consequence) even as the wheel follows the foot of the drawer (i.e. the ox which draws the cart).

모든 것은 마음이 낳은 것이다.
마음에서 나와 마음으로 이루어진다.
나쁜 마음을 가지고 말하거나 행동하면,
괴로움이 그를 따른다.
수레바퀴가 소의 발자국을 따르듯이.

224년에 지겸支謙 축장염竺將焰이 번역한 한역은 다음과 같다. 지겸은 중국 오나라 때 중국으로 건너온 인도 사람이다.

心爲法本 心尊心使.
中心念惡 卽言卽行.

罪苦自追 車轢於轍.

마음은 모든 법의 근본이고

마음이 주인 되어 모든 일 시키나니

마음속에 악한 생각을 하면

말과 행동 또한 그러하고

그로 인해 고통이 그를 따르리라.

수레바퀴가 수레를 따르듯이.

3) 이 구절에 대하여 후앙 마스카로가 조금 더 적극적으로 해석한 것과 한역의 색다른 맛을 소개하면 이렇다.

Many do not know

that we are here in this world to live in harmony.

Those who know this

do not fight against each other.

우리는 이 세상에서 화목하게 살아야 한다는 것을

사람들은 알지 못한다.

그러나 이를 아는 이들은

서로 싸우지 않는다.

不好責彼 務自省身.

如有知此 永滅無患.

남의 허물 꾸짖기를 좋아하지 말고
스스로 내 잘못을 되돌아보라.
만일 이것을 알고 행하면
근심과 다툼이 영원히 사라지리라.

제2장 부지런함

1) 팔리어로 'Appamada'는 '부지런하다, 주의를 기울이다, 주의 깊다'의 뜻이다. 그리고 가끔 '마음챙김, 마음을 챙기는 수행, 명상'이라는 뜻으로도 사용된다. 여기서 '부지런하다'는 단순히 부지런하다의 뜻이라기보다는 '부지런히 마음을 닦다, 부지런히 마음 챙기는 수행을 하다'라는 뜻을 함의하고 있다. 그래서 영어에서도 이를 wakefulness, vigilance로 번역하여 '깨어 있음, 혹은 자각'의 뜻에 방점을 두고 있다. 법구경의 문맥에 따라 '부지런하다', '부지런히 마음을 닦다', '깨어 있다', '마음을 챙기는 수행을 하다', '깨닫기 위해 노력하다'라는 뜻으로 사용하고 있다.

제3장 마음

1) 이 구절은 토마스 바이롬의 번역을 따랐다. 다음을 직역하면 이렇다.

How can a troubled mind
Understand the way?
If a man is disturbed
He will never be filled with knowledge.
마음이 고요하지 못한데,
어찌 바른 길을 알 수 있겠는가?
마음이 고요하지 않으면,
결코 지혜가 채워지지 않는다.

그러나 다른 모든 사람들의 번역은 아무래도 둘째 행이 어색하다. 둘째 행을 하나의 조건으로 해석하고 있기 때문이다. 라다크리슈난의 번역을 예로 들면 이렇다.

If a man's thought is unsteady,
if it does not know the true law,
if the serenity of mind is troubled,
(in him) wisdom is not perfected.

마음이 안정되지 않고,
바른 진리를 모르며,
마음의 고요가 깨진 사람에게
지혜는 완성되지 않는다.

제5장 어리석은 사람

1) 팔리어 'Bala'는 원래 '아직 말할 수 없는 어린 아이'의 의미이다. 그래서 이를 '어린애 같은 사람, 유치한 사람'의 의미로 어리석은 사람을 뜻한다.

제7장 깨달은 사람

1) 본문에서는 라다크리슈난의 번역을 따랐다. 라다크리슈난의 번역 외에도 이 구절에 대하여 약간씩 다른 맛이 나는 번역을 소개하면 이렇다.

That place is delightful

where saints dwell,

where in the village or in the forest,

in deep water or on dry land. -라다크리슈난

마을이나 숲이나

골짜기나 평지나

깨달음을 얻은 이가 사는 곳이라면

어디이거나 그곳은 즐겁다. -법정스님

In village, in forest,

In low land, in high land:

Delightful is the place

Where the arahant dwells. -길 프론스달

시골이면 어떻고, 숲속이면 어떤가.

높은 산 속이면 어떻고,

또 저 낮은 평지면 어떤가.

깨달음을 얻은 이가 사는 곳이라면

이 모두 기쁨의 땅인 것을.

나는 개인적으로 다음과 같이 번역한 이 구절이 사실은 가슴에 와 닿았다.

도시면 어떻고, 시골이면 어떤가.
산 속이면 어떻고,
또 시장바닥이면 어떤가.
그 영혼이 깨어있는 이에게는
이 모두 축복의 땅인 것을. -석지현

제10장 죄와 벌2

1) 이 구절의 에크낫 이스워런의 번역은 다음과 같다. 여기서는 이 번역을 따랐다.

As a cowherd with his staff

drives cows to fresh fields,

old age and death

lead all creatures to new lives.

본문의 번역처럼 소 치는 사람이 소를 죽이려 가는 것이 아니기 때문에 이렇게 번역하는 것이 이치에 맞다. 그렇다고 꼭 이것을 고집할 필요는 없다. 늙음과 죽음에 방점을 두면, 다음과 같이 정반대의 해석도 무방하리라 본다.

Just as a cowherd with his staff

drives the cows into the pasture-ground,

so old age and death

drive the life of sentient beings (into a new existence). -라다크리슈난

소치는 사람이 채찍을 들고

소를 몰아 목장으로 데리고 가듯,

늙음과 죽음은 쉬지 않고

우리의 목숨을 몰고 간다. -법정스님

As, with a stick, a cowherd drives

Cows to pasture,

So aging and death drive

The lives of beings. -길 프론스달

소치는 이가 지팡이를 들고

소들을 목장으로 서둘러 몰고 가듯

늙음과 죽음은

우리의 목숨을 재촉 한다.

2) 이 구절에 대한 에크낫 이스워런의 독특한 해석이 하나 있어 소개하려 한다. 독자들이 참고하기 바란다.

As a well-trained horse needs on whip,
a well-trained mind needs no prodding
from the world
to be good.
잘 부려진 말은 채찍이 필요 없듯이
마음을 잘 닦은 사람은
이 세상이 선한 사람이 되라고
재촉할 필요가 없다.

제11장 늙어감

1) 팔리어와 산스크리트어 'Jara'는 '늙음'을 뜻하는데, 원래는 '낡아 빠진, 닳아서 못쓰게 된 허물어져 가는 집'이라는 뜻이다.

2) 이 구절에 대하여 약간씩 다르게 번역한 것을 소개하니 독자들이 참고하기 바란다.

Look at this beautiful body:
A mass of sores propped up,
Full of illness, [the object] of many plans,

With nothing stable or lasting. -길 프론스달

보라, 이 아름답게 보이는 육체를!

그러나 온갖 오물로 가득 차고

모든 병의 온상이며, 온갖 번뇌망상으로 가득 차 있다.

그리고 머지않아 늙고 쇠락해 사라진다.

Behold this painted image,

a body full of wounds,

put together, diseased, and full of many thoughts

in which there is neither permanence nor stability. -라다크리슈난

보라, 이 꾸며 놓은 몸뚱이를

육신은 상처 덩어리에 불과한 것,

병치레 끊일 새 없고 욕망에 타오르고,

단단하지도 영원하지도 못한 껍데기. -법정스님

3) 이 구절에 대한 약간씩 다른 느낌이 나는 번역들을 소개하니 독자들이 참고하기 바란다.

Even the chariot of a king

loses its glitter in the course of time;

so too the body loses its health and strength.

But goodness does not grow old with the passage of time. -에크

낫 이스워런

눈부시게 아름다운 왕의 수레조차도

시간이 지나면 그 반짝이는 빛을 잃고 만다.

이 육체 또한 곧 젊음과 아름다움을 잃고 만다.

그러나 그 안의 선한 마음은 시간이 지나도 늙지 않는다.

The glorious chariots of kings shatter.

So also the body turns to dust.

But the spirit of purity is changeless

And so the pure instruct the pure. -토마스 바이롬

장엄한 왕의 수레조차도 부서지고야 만다.

이 육체 또한 먼지가 되고 만다.

그러나 그 순수한 영혼은 변함없이 그대로다.

그 순수한 영혼이 영혼으로 이어져 전해간다.

4) 이 구절에 대해서는 둘째 행에 대해 다른 해석도 가능하다. 라다크리슈난의 번역을 놓고도 '정신적인 재산'으로 할 수도 있고, 물질적인 의미에서 그냥 '재산'이라고 해석을 해도 무방하리라 생각한다.

Men who have not practised celibacy (proper discipline),

who have not acquired wealth in youth,

pine away like old cranes

in a lake without fish.
젊었을 때 마음과 진리를 닦지도 못하고
재산도 모으지 못한 사람은
고기 없는 연못가의 늙은 왜가리처럼
여위어 가리라.

이것처럼 첫째 행은 정신적인 측면을, 둘째 행은 물질적인 측면으로 보는 이도 있다.

제12장 자기 자신

1) 이 구절의 4번째 행에 대한 해석이 약간씩 달라 몇 개를 소개하면 이렇다.

Love yourself and watch-
Today, tomorrow, always. -토마스 바이롬
자신을 사랑하고 잘 지키도록 하라.
오늘, 내일, 항상.

If a man holds himself dear,

let him diligently watch himself.
The wise man should be watchful
during one of the three watches. -라다크리슈난
자기를 사랑할 줄 안다면
자신을 잘 지켜야 한다.
지혜로운 사람은 밤의 세 때 중
한 번쯤은 깨어 있어야 한다. -법정스님

If one knew oneself to be precious,
One would guard oneself with care.
The sage will watch over herself
In any part of the night. -길 프론스달
자기가 소중한 줄 안다면
자신을 잘 지켜야 한다.
지혜로운 사람은 밤의 세 때 중
한 번쯤은 살핀다.

여기서 말하는 세 때는 여러 가지로 해석이 가능하다. 예를 들면 첫째 하루 세 때-아침, 낮, 저녁-를 의미하기도 하고, 둘째 인생에서의 세 시기-소년기, 장년기, 노년기-를 의미하기도 한다. 이와 마찬가지로 세 때는 '오늘, 내일, 또는 항상'이라는 의미도 있다. 또 고대 인도인들은 밤에는 세 시분時分이 있다고 생각했다.

2) 이 구절은 '스승' 대신에 '주인'이라는 의미로도 해석이 가능하다. 라다크리슈난의 번역을 소개하면 이렇다.

The self is the lord of self;
who else could be the lord?
With self well subdued a man finds a lord
who is difficult to obtain.
자기야말로 자신의 주인,
어떤 주인이 따로 있을까,
자기를 잘 다룰 때
얻기 힘든 주인을 얻은 것이다.

제13장 이 세상

1) 팔리어 'loka'는 '세상', 즉 우리가 태어난 이 세상을 말한다. 지혜로운 자는 이 세상이 거품이고 환영이라는 사실을 깨닫는다. 그러나 이 세상이 loka이면서 동시에 열반이라는 사실도 또한 깨닫는다.

2) 이 구절에 대하여 약간씩 다른 번역을 소개하면 이렇다. 여기서는 아래 바이롬의 번역을 따랐다.

As the moon slips from behind the cloud

And shines,

So the master comes out from behind his ignorance

And shines.

라다크리슈난의 번역은 다음과 같다.

He who formerly was thoughtless and afterwards

became reflective (sober)

lights up this world like the moon

when freed from a cloud.

이전에는 게을렀어도

지금 게으르지 않다면,

그는 이 세상을 비추리라.

구름을 벗어난 달처럼. -법정스님

지겸 축장염의 한역은 다음과 같다.

人前爲過 後止不犯

是照時間 如月雲消

이전에는 잘못을 저질렀어도

후에 다시 잘못을 저지르지 않는다면,

그는 이 세상을 비추리라.
구름을 벗어난 달처럼.

제14장 부처

1) 이 구절의 라다크리슈난의 번역은 다음과 같다. 참고하기 바란다.

Blessed is the birth of the awakened;
blessed is the teaching of the true law;
blessed is concord in the Order;
blessed is the austerity of those who live in concord.
깨달은 이의 태어남에 축복이 있으라.
바른 가르침에 축복이 있으라.
승단의 화합에 축복이 있으라.
화합한 수행자들의 고행에 축복이 있으라.

제15장 행복

1) 팔리어 'sukkha'(산스크리트어 sukha)는 보통 '행복'이라는 뜻이다. 그 반대말은 'duhkha', 즉 고통이다. 그러나 팔리어 sukha는 모든 고통의 소멸이라는 뜻을 내포하고 있다. 결국 행복이란 고통이 사라진 상태를 뜻한다.

제16장 쾌락

1) 이 구절에 대하여 다른 해석도 가능하리라. 그중에 라다크리슈난의 번역 하나를 소개하면 이렇다.

Let no man cling to what is pleasant of unpleasant.
Not to see what is pleasant
is pain as also (it is pain) to see
what is unpleasant.
쾌락이나 쾌락이 아닌 것에도
끄달리지 말라.
쾌락을 만나지 못하는 것도 고통이고,
쾌락이 아닌 것을 만나는 것도 고통이다.

2) 이 구절 역시 라다크리슈난은 다음과 같이 번역하고 있다.

Therefore, do not take a liking to anything;
loss of the loved object is evil.
There are no bonds for him
who has neither likes nor dislikes.
그러므로 좋아하는 것을 만들지 말라.
좋아하는 것을 잃는 것도 괴로움이다.
좋아하는 것도 좋아하지 않는 것도 없는 사람은
얽매임이 없다.

제18장 더러움

1) 이 구절에 대하여 석지현 선생님의 번역이 마음에 와 닿는다. 참고로 라다크리슈난의 번역도 소개하면 이렇다.

Life is easy to live for one who is shameless,
who is of (the boldness of) a crow hero,
for the mischief-maker for the slanderer,
for the impudent, and for the impure.

부끄러운 줄 모르고 낯이 두꺼운 사람,
중상모략이나 일삼고
남을 곧잘 헐뜯는 사람,
뻔뻔하고 비열한 사람,
이런 사람들에게 있어서 이 삶은
너무나 쉽고 간편하다. -석지현

제21장 여러 가지

1) 참고로 이 구절의 라다크리슈난의 번역은 아래와 같다.

A (true) Brahmin goes scatheless though

he have killed father and mother and

two holy kings and

an eminent man as the fifth.

여기서 두 거룩한 왕과 다섯 번째 위인이 정확히 무엇을 뜻하는지 모르겠지만, 아마도 전자는 '단견과 상견'을, 후자는 오온 중의 '식'을 뜻하는 것이 아닐까 싶다. 독자들의 조언을 기다린다.

제23장 코끼리

1) 코끼리는 불교에서 참을성, 힘, 점잖음, 자제력을 상징한다. 코끼리는 코로 나무를 쓰러뜨리기도 할 정도 동물 중에서 힘이 세지만, 고대 인도에서는 이 코끼리를 길을 들여 짐을 싣거나 교통수단으로도 이용하였다. 그런가 하면 부처 자신이 코끼리naga 혹은 큰 코끼리mahanaga라 칭하기도 했다고 한다.

2) 참고로 이 구절의 라다크리슈난의 번역은 다음과 같다.

Good are mules when tamed,
so also the Sindhu horses of good breed
and the great elephants of war.
Better than these is he who has tamed himself.

산스크리트어 '신두(Sindhu : 大河)'는 인더스 강을 말한다. 여기서 인더스 산지는 인더스 강 근처에서 나는 좋은 말을 뜻한다. 오늘날 힌두Hindu 역시 이 Sindhu에서 유래된 것이다.

3) 이 구절의 라다크리슈난의 번역은 다음과 같다.

The elephant called Dhanapalaka is hard to control

when the temples are running with a pungent sap (in the time of rut).
He does not eat a morsel (of food) when bound.
The elephant thinks longingly of the elephant-grove.

여기서는 법정스님이 번역한 이 구절을 그대로 따랐다. 참고로 이 구절의 길 프론스달의 번역은 아래와 같다. 법정스님은 '다나빨라까Dhanapalaka'를 '재산을 지키는 자'로 풀이하였다.

The elephant called Dhanapalaka
Is hard to control when in rut;
Tied down, the tusker doesn't even eat,
Remembering the elephant forest.
 '다나빨라까' 라 불리는 코끼리는
발정기에는 사나워 걷잡을 수 없고
묶여 있어도 단 한 입도 먹지 않는다.
그는 단지 코끼리 숲만을 그리워한다.

제24장 욕망

1) 팔리어 '탄하tanha', 산스크리트어 '트리쉬나trishna'는 문자 그대로하면 '갈증'을 의미하는 것으로 집착과 애착과 욕망을 뜻한다. '네 가지 거룩한 진리'의 두 번째가 바로 이 집착 즉 갈애가 모든 고통의 원인이다. 불교는 마음을 다룬다. 이런 의미에서 불교는 욕망의 심리학이라고도 할 수 있다.

2) 참고로 이 구절에 대하여 약간 다르게 해석한 길 프론스달의 번역을 소개하면 이렇다.

This I say to you:
Good fortune to all assembled here!
Dig out the root of craving
As you would the fragrant root of birana grass.
Don't let Mara destroy you again and again,
As a torrential river [breaks] a reed.
그대들에게 말한다.
"여기 모인 모든 사람들에게 행운이 있기를!
갈망을 뿌리 채 뽑아 버려라,
마치 비라나 풀에서 향기를 내는 뿌리를 뽑아내듯이.
그리하여 거센 강물이 갈대를 꺾듯이

악마가 다시는 다시는 그대를 꺾지 못하게 하라.

3) 참고로 이 구절의 라다크리슈난의 번역과 주석을 소개하면 이렇다.

Him whose thirty-six streams flowing
towards pleasures of sense are strong,
whose thoughts are set on passion,
the waves carry away that misguided man.

Note: thirty-six streams: are the six organs of senses and six objects of sense in relation to a desire for sensual pleasures (kama), a desire for existence (bhava), and a desire for prosperity (vibhava).

'서른여섯 개의 물줄기': 6개의 감각기관(六根)과 6개의 감각대상(六境)이 만나 다음 세 가지 욕망이 생긴다. 첫째, 감각적 쾌락욕구(愛欲, kama), 둘째, 존재욕구(存在欲, bhava), 셋째, 번영욕구(幸福欲, vibhava)이다.

이를 모두 합하면 '36개의 욕망의 물줄기'가 된다. 즉 (6+6) X 3 = 36이다.

4) 참고로 이 구절의 라다크리슈난의 번역은 다음과 같다.

He who having got rid of the forest (of desire) gives himself

over to the life of the forest (desire),

he who, free from the forest (of desire),

runs back to the forest (of desire), - look at him,

though free, he runs into bondage.

그는 욕망의 숲에서 나와서 다시 욕망의 숲으로 되돌아간다.

그는 욕망의 숲에서 벗어나 다시 욕망의 숲으로 달려간다.

그를 보라.

그는 속박에서 뛰쳐나와서 다시 속박으로 달려간다.

5) 참고로 이 구절의 길 프론스달의 번역은 다음과 같다.

Fearless, free of craving, and without blemish

Having reached the goal

And destroyed the arrows of becoming,

One is in one's final body.

두려움도 없고 갈망도 없고 죄도 없으며

해탈의 목표에 도달한 사람은

이미 생사의 화살을 꺾어버렸다.

이것이 마지막 몸이다.

제25장 수행자1

1) 참고로 이 구절의 라다크리슈난의 번역과 주석을 소개하면 이렇다.

Cut off the five, get rid of the five,
master (rise above) the five.
A mendicant who has freed himself from the five fetters is called 'one who has crossed the flood' (of rebirth).

Note: The five to be cut off are egoism, doubt, false asceticism, lust, and hatred. The five to be got rid of are longing for births with form, births without form, self-will, vanity and ignorance.
'이기심, 의심, 고행을 통한 금욕주의, 탐욕, 성냄'은 끊어야 할 다섯 가지 집착들이다. '몸을 받고 태어남(色界)에 대한 갈망, 몸을 받지 않고 태어남(無色界)에 대한 갈망, 아집, 자만, 무지'는 제거해야 할 다섯 가지 집착들이다.

2) 이 구절에 대하여 라다크리슈난의 번역과 법정스님의 탁월한 번역을 함께 소개하려 한다. 참고하기 바란다.

A mendicant who with a tranquil heart

has entered an empty house,

he has a more than human (divine) delight,

through his right discernment to the law.

인기척이 없는 빈집에 들어가

마음을 가라앉히고

바른 진리를 관찰하는 수행자는

인간을 초월한 기쁨을 누린다.

3) 참고로 이 구절의 라다크리슈난과 법정스님의 번역을 소개하려 한다. 많은 도움이 되길 바란다.

Whenever he comprehends

the origin and destruction of the elements of the body

he obtains joy and happiness,

which is life eternal to those who know.

이 몸은 거짓으로 이루어진 것

있다가 없어지는 것인 줄 알면

마음은 깨끗한 즐거움에 잠기어

절대 자유의 기쁨을 맛 볼 것이다.

제26장 수행자2

1) 참고로 이 구절의 라다크리슈난의 번역을 소개하면 이렇다.

Him I call a Brahmin
who like the moon is stainless,
pure, serene, undisturbed,
in whom joyance is extinguished.

2) 참고로 이 구절의 라다크리슈난과 법정스님의 번역을 소개하면 이렇다.

Him I call a Brahmin who,
casting off attachment to human things,
rises above attachment to heavenly things,
is separated from all attachments.
인간 세상의 모든 인연을 끊고,
천상(天上)의 인연도 초월하고,
온갖 인연에 얽매이지 않는 사람을
나는 수행자라 부른다.

3) 참고로 이 구절의 라다크리슈난과 법정스님의 번역을 소개하면

이렇다. 법정스님의 세 번째 행에 주목하라.

Him I call a Brahmin

for whom there is nothing before, behind, or between,

who has nothing and

is without attachment.

앞에도 뒤에도 중간에도

아무것도 가진 것 없고,

빈손으로 집착이 없는 사람,

그를 나는 수행자라 부른다.